全媒体素养

QUAN MEITI
SUYANG

▶▶ 曾静平 王友良 著

陕西师范大学出版总社

图书代号：JC21N1688

图书在版编目（CIP）数据

全媒体素养／曾静平，王友良著. -- 西安：陕西师范大学出版总社有限公司，2021.8
ISBN 978-7-5695-2364-5

Ⅰ.①全… Ⅱ.①曾… ②王… Ⅲ.①传播媒介—研究 Ⅳ.①G206.2

中国版本图书馆 CIP 数据核字（2021）第 149641 号

全媒体素养
QUAN MEITI SUYANG
曾静平　王友良　著

责任编辑	张建明
责任校对	孙瑜鑫
封面设计	鼎新设计
出版发行	陕西师范大学出版总社
	（西安市长安南路 199 号　邮编 710062）
网　　址	http://www.snupg.com
经　　销	新华书店
印　　刷	西安市建明工贸有限责任公司
开　　本	787mm×1092mm　1/16
印　　张	14
字　　数	206 千
版　　次	2021 年 8 月第 1 版
印　　次	2021 年 8 月第 1 次印刷
书　　号	ISBN 978-7-5695-2364-5
定　　价	40.00 元

读者购书、书店添货或发现印装质量问题，请与本社营销部联系调换。
电话：(029)85307864　85303622（传真）

引　言

互联网的崛起特别是移动互联网的盛行，手机短信、手机 QQ、手机微信等的先后登场，IT 与 CT 加持蜕变的 ICT "旧貌新颜"，物联网、车联网、房联网、星空联网等的蓬勃增长，现代信息技术正夜以继日催生各种新型增强业务、各种增值业务，使电信通信媒体和报纸、杂志、广播、电影、电视等传统媒体，PC 网络媒体，移动网络媒体、智能媒体等在传播业态、传播形式、传播业务、传播管理等方面互相渗透、相互兼容以及并购重组，逐步整合形成全新的现代全媒体传播生态。

全媒体传播涉及报纸、广播、电视、音像、电影、图书、杂志等传统媒体传播，涵盖了网络传播（移动互联网络传播）、电信通信传播和智能媒体传播等新兴媒体传播，裹持着 5G 通信技术，超级计算机技术，云技术，虚拟现实技术，VR、AR、MR 技术，直播短视频弹幕等眼花缭乱的迭代技术，是传统媒体受众和新兴媒体受众共享着的虚拟现实穿插交织的信息化社会。传统媒体、新兴媒体和智能媒体所进行的信息综合化、立体化、一体化生产发布和共享等活动，具体表现为全新舆论生态下的全员媒体、全程媒体、全息媒体和全效媒体之无处不在、无所不能、无所不及、无人不用互动交流平台。

我国高度重视全媒体发展问题，党和国家领导人全面部署全媒体建设工作，提出了建立健全全媒体传播体系的具体方略。2016 年 2 月 19 日，习近平在党的新闻舆论工作座谈会上强调，媒体融合发展的关键在于融为一体、合而为一。2019 年 1 月 25 日，习近平主持中央政治局集体学习时提出："全媒体不断发展，出现了全程媒体、全息媒体、全员媒体、全效媒体，信息无处不在、无所不及、无人不用，导致舆论生态、媒体格局、传播方式发生深刻变化，新闻舆论工作面临新的挑战。宣传思想工作要把握大势，做到因势而谋、应势而动、顺势而为。我们要加快推动媒体融合发展，使主流媒体具有强大传播力、引导力、影响力、公信力。"这是我国最高领导人发出的发展全媒体的最强音，这也成为全媒体传播体系建设的指路航标。党的十九届四中全会提出，建立以内容建设为根本、先进技术为支撑、创新管理为保障的全媒体传播体系，进一步明确了我国全媒体传播体系建设中的三个结构性工作重心和未来发展目标。随着我国在5G技术领域优势地位的确立，发展全媒体技术、实现全媒体传播已经成为当前媒体融合向纵深发展的头等大事。

全媒体传播融入社会、融入生活的功效成败，取决于全媒体传播的社会环境、经济环境、人文环境、地理场域环境等外界因素，联系着传播受众、传播技术、传播渠道、传播载体、传播形式、传播内容、传播场景等内在动因。全媒体传播是一个"全员传播""全程传播""全息传播"的系统工程，影响到全媒体传播效果（"全效传播"）的终极因素当然是传播人，即全媒体传播传者与受者审时度势纵横捭阖的胸怀，这就是通常所谓的基本条件、基本素质、基本素养，是一个典型的新时期媒介素养问题。

欧美发达国家政府一直在探索媒介融合及全媒体传播、全媒体传播建设与发展，高度关注国民媒介素养（包括数字媒介素养）等问题。美国教育部2010年出台的科技计划《改革美国教育：技术推动学习》中指出，不管主要领域是否是英语语言文学、数学、科学、社会科学、历史或音乐，批判性思维等能力和专业知识都应编入所有领域。这些能力均是成为优秀学习者所必需的。美国教育部同时发布的《2010数字媒介素养白皮书》认为，"数字媒介素养"是包括认知、情感和社会能力在内的综合素养，既包括社会公众全面参与媒体传播所必需的综合能力，还包括通过传统媒介批判性地解读和欣赏媒介讯息与作品，以及利用媒介获得自身和谐发展的能力。中国媒介素养的理论建设和实践探索稍显落后，与经典传播学理论基本上跟随国外一样，沿用引进、消化、吸收，再逐渐本土化、中国化的发展路径。进入21世纪以来，中国全力推进全球命运共同体建设，网络强国战略视域下的"全球网络命运共同体"得到了很多国家和地区的广泛共识，促进全媒体融合已经成为新型主流媒体建设与发展的方向。在这样的时代背景下，互联网（移动互联网）与人工智能技术促推的全媒体传播素养被赋予了更为丰富多样的内涵，具有了与时俱进的时代价值。我国已经进入全媒体纵深融合发展的时代，全国上下各级机构的媒介融合正如火如荼地展开，每级媒体机构每一个新闻传播人员都面临着全媒体素养的全面考量。

在全媒体传播时代，人工智能技术正在全面进入新闻传播实践业务，智能机器人新闻写作已经在美国美联社、《纽约时报》《华盛顿邮报》和《洛杉矶时报》及中国新华社、今日头条等初露锋芒，在经济报道、体育报道中发挥出快捷高效的作用，在时政报道、民生报道、娱乐报道、文化艺术等报道也显露出成效，加速了新业态的推进。随着更多智能机器人参与到新闻稿件写作之中，一线新闻记者摆脱了繁重重复的采访负累、焕发了"第二春"，还是智能机器人高效发稿速率、多元表达风格"逆袭篡位"剥夺了他们的工作机会？沿袭上百年的新闻采访记者是否将要下岗？写作新闻稿件的智能机器人归属什么职位？这些问题是摆在媒介传播者面前亟待解决的重大问题。

无声无息之间，集千万宠爱于一身的虚拟主播频频亮相，他们或"克隆"某一知名主播，或移花接木将古今中外大牌主播特质汇集在一起，在广播电视节目和网络视频直播节目中担当主持人或评论员，抢走了新生代受众的视觉焦点。这些智能主播无论是发型妆容、服饰着装以及语词表述等完全是为各种需求的受众人群差异化"量身打造"。曾经"一人之下"甚至连明星大腕也要看其脸色仰其鼻息的化妆师，随着"智能美妆大师"的从天而降其地位一落千丈，发出"既生瑜何生亮"的悲凉长叹。节目主持人和评论员解放出原本用来化妆打理头发、搭配衣裙的更多时间之余，突然惊觉三尺主持人舞台是不是也会被"智能主播"抢走而面临失业呢？

不仅如此，虚拟现实技术再造的"智能场景"，使得传统传播学"环境拟态功能"即时映现，"东边日出西边雨""海上生明月""千里共婵娟""六月飞雪"等情景"信手拈来"，新闻资讯智能分拣、智能输送、智能组合、智能拼装和智能"批发"等全新"智能生产传播流水线",明显超过了一度风靡全球的统一资源配置共建共享统一信息资源分发的"中央厨房"。"人机合一""人机一体"的"人智神奇""机智神奇",创造出一个又一个智能传播鲜活案例,每一桩每一件都在改变着新闻传播行业的思维理念,重塑着新闻传播行业的竞争格局,甚至有可能改变新闻传播产业与新闻传播人的命运与前程。

5G技术环境下智能传播的广泛应用与快速发展,需要建立一整套适合中国国情的同时又符合全媒体产业发展要求的全媒体素养培育体制机制,建立健全包括全媒体素养概述、全媒体素养培育原则、目标路径、道德素养、文化素养、艺术素养、创意素养和素养培育的绩效评价等多个融合、交叉、系统的理论与实践教育体系,在"传播学""教育学"和"心理学"的引领下,分门别类总结提炼出全媒体素养培育的理论与实践发展脉络、基本特质和未来走向。

随着中国主导的5G并网、组网全面商用时代的到来,在移动互联网、大数据、超级计算机、云技术、传感网、脑科学、神经科学和北斗导航系统等新技术、新系统、新理论以及全球化政治经济文化社会发展强烈协同的多元驱动下,人工智能技术在新闻传播等各个学科领域产生着跨界融合、跨业融合、跨域融合等石破天惊的奇妙效应。新闻资讯经过超级计算机等海量信息深度学习,新闻传播领域的人机协同、人智协同已逐渐展示出强大生命力和后发潜能,智能新闻写作、智能广告创意与创作、智能新闻纠错、智能音视频检索、智能场景创造与再造和智能推送等现代新闻传播领域的技术应用,似乎标志着人工智能与新闻传播无缝对接所展示出的无处不在、无所不能的"超能传播""超智传播"地位越来越凸显,这种新兴传播模式与移动网络自媒体传播、传统大众传播交相辉映,形成焕然一新的全媒体内容和传播新格局。建构全媒体内容和传播新格局的主体部分,是具有良好全媒体素养的传播者、管理者、技术支撑服务人员与信息接收者。"全程传播"每一个环节上的"全员传播"的"全媒体素养"状况,直接关乎"全息传播""全效传播"的最终样态。

全媒体素养建设理论与实践,是习近平对于"新闻舆论工作"精彩论述的重要内容。习近平总书记对党的新闻舆论工作所面临的新形势新任务，对党的新闻舆论工作的性质地位"新定位"、职责使命"新表述"、方针原则"新论断"、创新发展"新擘画"等，做出了宏观思考和战略布局，对网上新闻舆论工作做出了新部署，对国际传播能力建设做出了新阐述。习近平关于新闻工作的重要论述涵盖了网络空间安全、新媒体传播、互联网传播、媒体融合发展等方面，为当下和未来中国全媒体传播体系建设和发展指明了方向。中国主导的技术创新和中国特色素养培育理论创新的高度融合，是在扬弃了西方新闻传播经典理论的基础上，融入了中国主导并领先世界的5G技术、未来网络技术、人工智能技术、超级计算机技术和北斗导航技术的中国特色全媒体素养信息传播理论体系，并在逐渐提炼升华为中国主导的高精尖科技和蕴含着浓郁中国文化加持催生的"新大众素养培育理论"，彻底改变数十年来中国新闻传播理论研究与实践探索唯欧美马首是瞻的怪状。

创建中国智慧、中国特色的"新大众全素养涵化培育理论"，是时代赋予中国新闻传播学者的使命担当。在全媒体传播体系建设进程中，传统大众全素养涵化培育理论、新兴网络全素养涵化培育理论、智能全素养涵化培育理论等一系列新旧传播全素养涵化培育理论组构而成的中国特色"新大众全素养涵化培育"理论，符合理论视野具有普遍性、批判性、包容性和综合性的基本特征，具备在认识论、本体论和价值论上的假设具有适应性，能够为学术研究和创造新的理论带来新想法等特征，是对经典西方新闻传播理论的传承，同时移植了中国新时代特色的新闻传播素养培育的全新元素。

5G赋能时代的全媒体素养理论与实践，彪炳中国特色"新大众全素养涵化培育"理论的时代价值。中国特色"新大众全素养涵化培育"理论，刻着中国主张、中国文化印记，在世界新闻传播领域具有划时代价值，是中国先进传播技术与先进传播素养理论耦合驱动的新篇史话，解决了传统、新兴传播融合过程中人才培养的关键性问题，既有西方经典新闻传播理论原所不具备的精辟洞见，又印证了中国特色理论创新与时俱进的时代脉动，是5G时代最前沿的新闻传播理论创新成果，显示出强大的生命力和长久持续影响力，诠释出"新大众全素养涵化培育理论"的实现路径。全媒体传播是5G技术+全媒体传播+智能传播+大众传播的交织叠合，反映着最新一代科学技术与现代新闻传播的"零距离"结合，书写了5G时代中国特色新闻传播新思想、新课题、新理论、新实践，是全方位、立体创建"新大众传播"理论体系框架的坚实基础。

全媒体素养理论探索与实践，有利于中国新闻传播理论走向世界舞台中央。全媒体素养建设，是中国迈向世界舞台中央的中国方案重要组成部分，是推进构建网络空间命运共同体的重要内容，是中共中央"全面复兴中国传统文化战略主张"、全面提升国家文化传播的整体实力的基础元件，是全面展示中国智慧、中国主张、中国作为、中国担当、中国文化和中国传播的具体行动。

全媒体素养理论探索与实践，有利于全面提升国家治理能力和社会治理现代化水平。全媒体素养建设，是贯彻落实党的十九届四中全会"坚持和完善社会主义制度、推进国家治理体系和治理能力现代化"的理论先行，是充分发挥科技创新引领作用在社会科学领域的具体实践，是坚持更加重视运用人工智能、互联网、大数据等现代信息技术手段全面提升治理能力和治理现代化水平的舆论先行和素养保障。

全媒体素养理论探索与实践，有利于全面提升国家创新意识和创新水平。全媒体素养建设与国家创新体系规划相衔接，涵盖了与国家创新体系衔接的问题及其内在的体系创新、理论创新、安全保障、机制耦合、路径优化等问题的系统探究，有利于全面提升国家创新意识和创新水平。

全媒体素养理论探索与实践，有利于实现网络强国综合实力的整体跃升。全媒体素养建设，有利于重构文化创意企业和全员、全程、全效、全息媒介平台耦合的价值链，满足新时代受众对文化技术的新需求，催生新兴传播技术与新兴传播文化、新兴文化业态、新兴商业模式的融合，从而实现网络强国综合实力的整体跃升。

全媒体素养理论探索与实践，有助于建立健全符合中国国情的新时代人才培育体制机制。全媒体素养建设，有助于实现传统媒体与新兴媒体耦合功效的最大化，促使理论创新、技术创新与人才培育创新正向驱动，催生传受双方全媒体素养培育体系建构。

全媒体素养理论探索与实践，对接新时代中国全社会全民众的信息化建设，充分发挥中国主导的 5G 赋能全媒体素养培育体系建设优势，将全媒体素养培育和塑造融入"全员传播"工作生活之中，这既是中国特色的全媒体信息传播气质，也是中国特色全媒体素养建设着眼于全民族科学素养的提高、服务于中国制造向中国创造飞跃的必由之路。

全媒体素养理论探索与实践，契合中央《关于推动传统媒体和新兴媒体融合发展的指导意见》与《文化部"十三五"时期文化产业发展规划》内容要求，融会贯通了中国领先世界的 5G 技术、超级计算机技术、人工智能技术、北斗导航技术，让国内民众在全媒体素养信息传播实践中切身感受到国家复兴的时代节奏，时时刻刻感受到中国特色信息化建设带来的各种新变化。

全媒体素养理论探索与实践，肩负着创新引领的时代作为与担当。全媒体素养培育体系建设，寻求全媒体传播中的理论、规制、技术、内容、渠道、管理融合、创新创意的解决方案和实现路径，不仅涉及新闻传播领域的思想意识创新、技术创新、理论创新、内容创新、管理创新，还涉及中国社会经济文化生活等领域，引领并影响到当下和未来中国媒介素养建设的战略规划。

全媒体素养理论探索与实践，打破了西方经典新闻传播学壁垒。全媒体素养全民培育方略，是新时代中国多个部门多个行业的信息化治理和社会治理的联合行动，打破了传统大众传播、新兴媒体传播、全媒体传播、智能传播等各自为政的门槛壁垒，可以最大限度达到技术、内容、管理等的资源共享，是创建资源节约型、人才优化型社会的有力实践，是中国新闻传播全员参与、全情渗透、全程跟踪并以最优路径和最丰渠道服务应用于全社会与全行业的生动体现，彻底打破了西方经典新闻传播理论的重重壁垒。

全媒体素养理论探索与实践，是一次伟大的学科跨越。全媒体素养建设理论与实践，横跨了传播学、信息通信、计算机、管理学、经济学、文化学、艺术学、史学和哲学等多学科，是中国高等教育、中国传播行业积极主动对接中国传播市场的创新之举,是在高度学科融合基础上创建中国特色"新大众全素养涵化培育理论"的有力探索,也为培育新时代多学科交叉型复合人才创造了条件。

《全媒体素养》共九章。第一章是概述,对全媒体素养的研究背景、基本定义、基本分类、基本特征和主要功能做了全面描述;第二章是素养构建,即全媒体素养所涵盖的基本主体;第三章是技术素养,这是当下媒介素养论著中不曾触及的话题,也是非常重要的素养命题;第四章是道德素养,论述了全媒体传播、全媒体技术、全媒体产业等实际运营过程中所必须遵循的道德准则;第五章是文化素养,书写了全媒体文化在整个全媒体全网络体系中的特殊价值,文化精髓贯通于全媒体全网络体系始终;第六章是艺术素养,明确了艺术气质、艺术氛围在全媒体时代的独特地位,论述了艺术素养在整个全媒体素养涵化培育中的具体内涵;第七章是创意素养,深刻剖析了想象力、创造力是全媒体素养建设培养的源泉动力,缺失想象力、创造力的全媒体素养,形如无源之水;第八章是政府主导,全面论证了各级政府在全媒体素养涵化培育中的顶层设计及全面推广作用,全媒体素养也是各级政府自身工作的重要组成部分;第九章是绩效评价,从发展现状、基本准则和保障措施等方面进行了深入探索。

目　　录

第一章　概述 …………………………………………………………… 1
　第一节　研究背景 …………………………………………………… 2
　　　一、国家大计 …………………………………………………… 3
　　　二、多位叠合 …………………………………………………… 3
　　　三、未来期许 …………………………………………………… 5
　第二节　基本定义 …………………………………………………… 7
　　　一、素养 ………………………………………………………… 7
　　　二、媒介素养 …………………………………………………… 9
　　　三、全媒体素养 ………………………………………………… 11
　第三节　基本分类 …………………………………………………… 14
　　　一、管理素养 …………………………………………………… 15
　　　二、传者素养 …………………………………………………… 16
　　　三、受者素养 …………………………………………………… 18
　　　四、交互素养 …………………………………………………… 20
　第四节　基本特征 …………………………………………………… 21
　　　一、全员媒体素养参差不齐 …………………………………… 21
　　　二、全息媒体素养无所不包 …………………………………… 25
　　　三、全效媒体素养优化组合 …………………………………… 27

第二章　素养构件 ……………………………………………………… 31
　第一节　政治信仰 …………………………………………………… 32
　　　一、国际视野 …………………………………………………… 32
　　　二、建章立制 …………………………………………………… 33

三、课堂思政 ·· 34
　　四、人文情怀 ·· 34
第二节　快捷反应 ·· 35
　　一、快速选择 ·· 36
　　二、快速协调 ·· 36
　　三、快速创造 ·· 37
第三节　专业敏感 ·· 38
　　一、环境敏感 ·· 38
　　二、技术敏感 ·· 39
　　三、产业敏感 ·· 40
第四节　媒体全能 ·· 40
　　一、全能管理 ·· 41
　　二、全能采编 ·· 41
　　三、全能后台 ·· 42

第三章　技术素养 ·· 43
第一节　素养环境 ·· 44
　　一、顶层设计 ·· 45
　　二、科技实力 ·· 47
　　三、基础设施 ·· 48
第二节　电报电话素养 ·· 49
　　一、发展状况 ·· 50
　　二、适机素养 ·· 51
　　三、适地素养 ·· 53
　　四、屏蔽素养 ·· 54
第三节　电信传播素养 ·· 54
　　一、电子邮件素养 ·· 54
　　二、网站传播素养 ·· 56
　　三、即时通信传播素养 ·· 57
第四节　智能媒体素养 ·· 58

一、发展背景 …………………………………………… 59
　　二、赋能素养 …………………………………………… 61
　　三、伦理素养 …………………………………………… 62
第四章　道德素养 …………………………………………… 64
　第一节　基本概念 ………………………………………… 65
　　一、伦理道德 …………………………………………… 65
　　二、道德素养 …………………………………………… 66
　第二节　内涵要求 ………………………………………… 67
　　一、道德责任 …………………………………………… 67
　　二、写作道德 …………………………………………… 69
　　三、场景道德 …………………………………………… 70
　第三节　内化价值 ………………………………………… 71
　　一、渠道拓展 …………………………………………… 72
　　二、终极目标 …………………………………………… 75
　第四节　衔接形塑 ………………………………………… 79
　　一、高度契合 …………………………………………… 80
　　二、直面挑战 …………………………………………… 82

第五章　文化素养 …………………………………………… 86
　第一节　基本概念 ………………………………………… 86
　　一、文化大观 …………………………………………… 87
　　二、全媒体文化 ………………………………………… 91
　　三、全媒体文化素养 …………………………………… 93
　第二节　素养特征 ………………………………………… 94
　　一、时间性 ……………………………………………… 95
　　二、叠合性 ……………………………………………… 97
　　三、地域性 ……………………………………………… 98
　　四、全球性 ……………………………………………… 99
　第三节　培育价值 ………………………………………… 100
　　一、丰富文化生活 ……………………………………… 100

二、刺激文化消费 ……………………………………………… 101
　　三、拓展文化认知 ……………………………………………… 102
　第四节　培育途径 ………………………………………………… 103
　　一、明辨是非 …………………………………………………… 104
　　二、勤思善想 …………………………………………………… 105
　　三、兼收并蓄 …………………………………………………… 105
　　四、尊重原创 …………………………………………………… 106

第六章　艺术素养 ……………………………………………………… 107
　第一节　定义与价值 ……………………………………………… 107
　　一、丰富艺术内涵 ……………………………………………… 109
　　二、降低创作成本 ……………………………………………… 109
　　三、营造艺术氛围 ……………………………………………… 110
　第二节　主要特征 ………………………………………………… 111
　　一、组合性 ……………………………………………………… 112
　　二、观念性和创意性 …………………………………………… 112
　　三、人机互动性和时效性 ……………………………………… 113
　　四、虚拟性、技术性和连接性 ………………………………… 113
　第三节　培育路径 ………………………………………………… 114
　　一、专业场景 …………………………………………………… 114
　　二、日常生活 …………………………………………………… 116
　　三、专门教育 …………………………………………………… 117
　第四节　创新创造 ………………………………………………… 118
　　一、历史渊源 …………………………………………………… 119
　　二、艺术创造 …………………………………………………… 119
　　三、艺术再造 …………………………………………………… 120

第七章　创意素养 ……………………………………………………… 123
　第一节　理念培养 ………………………………………………… 123
　　一、社会共识 …………………………………………………… 125
　　二、融合创意 …………………………………………………… 125

第二节 创意思维 …… 127
一、逆向思维 …… 127
二、联动思维 …… 129
三、灵感思维 …… 129

第三节 创意场景 …… 130
一、赛事场景 …… 130
二、产业场景 …… 131

第四节 创意培育 …… 132
一、创意直觉 …… 133
二、体察美感 …… 134
三、拓展想象 …… 135

第八章 政府主导 …… 136

第一节 指导原则 …… 139
一、主体性原则 …… 140
二、整体性原则 …… 142
三、科学性原则 …… 143
四、创新性原则 …… 144
五、渗透性原则 …… 145

第二节 实施路径 …… 146
一、搭建平台 …… 147
二、深化内容 …… 147
三、完善形式 …… 148
四、创造氛围 …… 149
五、资源整合 …… 150

第三节 中国探索 …… 151
一、品牌铸造 …… 152
二、学术探索 …… 155
三、传媒特色 …… 160
四、学校示范 …… 161

第四节 境外经验 …………………………………… 166
     一、构建体系 …………………………………… 167
     二、全民培育 …………………………………… 170
     三、专业特色 …………………………………… 172
 第九章 绩效评价 …………………………………… 176
   第一节 评价现状 …………………………………… 176
     一、发展背景 …………………………………… 177
     二、问题分析 …………………………………… 182
   第二节 目标原则 …………………………………… 183
     一、渐进性原则 ………………………………… 185
     二、重要性原则 ………………………………… 186
     三、关联性原则 ………………………………… 188
     四、大众化原则 ………………………………… 188
   第三节 基本步骤 …………………………………… 190
     一、确定评价对象 ……………………………… 190
     二、选择评价指标 ……………………………… 191
     三、设计权重比例 ……………………………… 192
     四、创新体系编制 ……………………………… 193
   第四节 保障措施 …………………………………… 197
     一、政府保障 …………………………………… 197
     二、资源保障 …………………………………… 200
     三、组织保障 …………………………………… 201
后　记 ……………………………………………………… 205

第一章 概述

媒介素养是一个长时间不断发酵的热词,与之相关的"媒体素养""纸媒素养""广播电视素养""网络媒体素养"和"新媒体素养"等论文著作研究成果陆续刊载面世,从不同维度提出了全媒体素养涵化培育的观点。当下,建设与培育5G时刻全媒体素养这一全新命题,是对标中国迈向第二个百年目标征程,走向世界舞台中心,树立中国风范,传播中国文化,张扬中国主张的稳健基石,是中国媒体融合向纵深发展进程中整个行业链条、产业链条各环节的基础信条,是为满足新时期人民日益增长的美好生活需要,中国新闻传播技术创新、理论创新的作为与担当。

在传播技术升级、资源整合以及产业化快速发展的形势下,全媒体传播的内涵与外延不断扩大,传播路径、传播主体发生了巨大变化。当前在5G新技术推进下的Web3.0时代,媒介融合已成为资讯传播、关系传播和算法传播走向统一的主要形式与载体,传统媒体与新兴媒体终端进一步整合,使得以此为依托的智能移动、IPTV等新媒体快速发展起来,而以Web3.0为契机的云计算、大数据、物联网将会为此开启美好发展前景。在此背景下,全媒体素养概念应运而生,因使用范畴的创新、短视频制作传播的简单便利和多元多层媒介素养培育问题的关注等因素,全媒体素养的内涵与外延得以丰富与发展。总览5G赋能的全媒体发展背景与发展变局,有助于更加明确而清晰地认识到全媒体时代"全员、全程、全息"的素养营造的重要性和紧迫性,有助于全媒体素养构成和全媒体素养建构等基础性问题的破解,把握全媒体思维、全媒体技术和全媒体传播的发展节律。

第一节　研究背景

2019年1月25日，习近平在全媒体时代和媒体融合发展第十二次集体学习中强调"要因势而谋、应势而动、顺势而为，加快推动媒体融合，使主流媒体具有强大传播力、引导力、影响力、公信力"。要实现这一宏伟目标，需构建并强化全媒体素养培育体系机制，确立全媒体传播素养是实现全媒体传播体系建设的基本要求和根本保障。

先进技术、核心技术是全媒体传播得以顺利进行的核心保障，中国领先的人工智能技术和中国主导的5G通信技术等为中国全媒体传播创造了极其有利的现实条件。2019年6月6日，工信部向三大运营商发放5G牌照，宣告我国正式进入5G时代，这为媒体转型升级提供了绝佳契机。2019年以来的"两会"新闻报道及中央广播电视总台的春晚和中秋晚会直播等，5G通信技术与4K、8K及VR等技术深度互渗，打造出一系列现象级的新闻传播新景观。新华社、人民日报社、中央广播电视总台等国家级媒体单位借助5G网络，将"两会"现场、大型晚会、直播现场以实时全景的方式呈现给受众。虚拟主播有效地增加了"两会"的热度，增强了大型晚会的场景互动、受众互动，Vlog、3D动画短视频、H5、漫画等内容形式全面提升了"两会"报道和大型晚会的新鲜度和活跃度。在博鳌亚洲论坛2019年会上，5G+VR/AR的技术融合，同样给观众带来莫大的视听获得感和幸福感。在专业人士以及普通百姓的心目中，5G通信与全媒体传播已经紧紧地绑定在一起。

当前，国内外针对全媒体传播、全媒体素养等相关研究日益火爆，国家政策法规、社会发展、经济飞跃带给技术创新、产业创新的影响，技术叠合交融给全媒体传播发展提供的保障和可能、全媒体传播形式、传播内容、传播技术当下与未来的需求和挑战，提出了"全媒体素养"这一崭新命题。

一、国家大计

中国5G牌照发放，释放出电信通信行业从信息传播的幕后走向信息传播台前的强大信号，"全媒体传播"之概念与内涵为越来越多人所理解和接受，形成与大众传播并驾齐驱的竞合态势，全媒体传播纳入大众传播体系水到渠成。全媒体传播、智能传播共同汇聚而成的"新大众传播"在更多范围更深层次展开了实践应用。按照经典传播学理论的概念，大众传播是由专业化的传播机构，运用复杂的技术手段面向不定量多数的受众进行的大面积传播活动。根据这一概念，当下活跃着的各类全媒体传播现象全部可以"对号入座"。如果说大众传播是高扬主旋律、实现国家政权"意识形态"的重要手段，带着深深的"权利"印痕，具有明确意义的"喉舌"功能。那么，电信通信传播则是一个权力机构"喉舌"与普通百姓"自媒体"缠绕其中的多面体，带有政府机构的权利和权威，在应急事件和危机传播中大显身手。同时，电信通信传播又是电信通信行业技术创新与理论创新的有机融合，具有浓厚的市场经济印迹，是普通老百姓畅所欲言的传播殿堂，并有着极为巨大的产业规模和无限未来空间。

全媒体是新闻传播媒体顺应时代变迁的自然变化升级，是镌刻着中国印记中国标符的传统媒体和新兴媒体在新技术、新网络、新空间的有机"合体"，是中国新闻传播理论与实践在中国社会全面迈向复兴之路征程的应时应景，是广大民众能够最大程度行使"公民记者"权责指点江山激扬文字并创造与再造时代标签文化的重要平台。全媒体素养内涵丰富，包括"全员"的"四个看齐"素养：技术素养、语词素养、符号素养和组合素养，包括"全程"的传者素养、受者素养、互动素养和联动素养，也包括"全员"在"全程"对各种资讯、关系、场景信息（全息）甄别采集拍摄录制发送等能力。

二、多位叠合

在移动互联网、大数据、超级计算、云技术、传感网、脑科学、神经科学和北斗导航系统等新技术、新系统、新理论以及全球化政治、经济、文化、社会发展高度协同的多元驱动下，5G与智能技术在各个学科领域产生跨界融合、跨业融合、跨域融合等趋势。新闻资讯经过超级计算机等海量信息深度学习，新闻传播领域的人机协同、人智协同已逐渐展示出强大生命力和后发潜能，智能新闻写作、智能广告创意与创作、智能新闻纠错、智能音视频检索和智能场景创造与再造等的现代新闻传播领域的技术应用，似乎标志着人工智能与新闻传播无缝对接所展示出的无处不在无所不能的"超能传播""超智传播"地位越来越凸显，与传统大众传播交相辉映的全媒体素养理论呼之欲出。

随着5G技术的强势赋能，全媒体传播已经跨上中国自主研发的"传播高铁"，开启了人们追求和享受美好生活的新天地。北京邮电大学于全、张平两位院士指出，5G并不仅仅是让通道变宽、网速加快那么简单，它对我们的社交方式、通信方式、生活方式和体育娱乐等诸多方面将产生深刻的影响，将足以改变全社会的全部生活，以至于催生多个相关的产业生态链。① 正如人们所期盼的，5G正在以前所未有的多元优势深远地影响着物联网、短视频、人工智能、VR/AR等技术的发展和应用，并由此而带来传媒格局的重大改变。

正是中国5G技术的迅捷开发和全面商用，使得传统媒体、形态多样的新兴媒体、智能媒体以及基于互联网传播技术的网站、E-mail、QQ、博客、微博和微信等新型电信通信媒体互融互补，构建起了媒介融合向纵深发展的全媒体业态。清华大学公共管理学院博士后宣晓晏认为，智能技术的创新是文化创意的诱发源与合适载体，人工智能技术的运用，将会深入地影响文化产业结构，在大幅降低生产成本的同时带来效能的提高，继而引发供给侧结构性变化，它可以带动传统行业实现跨越式升级，为全媒体传播扫清行进道路上的障碍。中国社会科学院新闻与传播研究所所长唐绪

---

① 于全，张平. 5G时代的物联网变局、短视频红利与智能传播渗透［J］. 浙江传媒学院学报，2018，25（6）：2-9.

军深入研究了"智能+"为媒体产业转型升级赋能，他认为人工智能卓有成效地改变了人与信息的连接方式和沟通机会，既从广度更从深度上推动着媒体融合发展。智能推荐、新闻写作、机器视觉等越来越多样化和精细化的智能应用不断革新着信息生产和传播流程。中国传媒大学电视学院曾祥敏教授就5G技术的特点作了归总：一是全面提升速率，借助虚拟现实（VR）、增强现实（AR）、混合现实（MR）等有利于强化媒体场景化使用功能；二是打破设备之间的技术壁垒，无须端口即能实现任意两个设备之间数据的自由交换，万物皆媒体也就成为可能；三是超低时延催生万物智能化，优化和全面提升场景媒体的传播效果。这样的技术特点正是全媒体传播如虎添翼的重要保障。新华智云副总裁、首席新闻官商艳青认为，在5G时代，资源云端化，内容垂直化，服务场景化，产业智能化。突发事件识别机器人、安全核查机器人、字幕生成机器人等将与人类并肩工作，以更好、更快、更准确地采集和处理新闻资源和数据，确保全媒体传播的最高效传播。

三、未来期许

5G赋能已经是不争的事实，传媒界已经对其寄予了巨大的期待，5G与全媒体传播实现怎样的结合才能发挥最大的效应更是业界和学界研究的关键。中国传媒大学新媒体研究院教授赵子忠在梳理媒体融合所经历的"原生相加""理论指导融合试水""融合深水区""全媒体传播体系建构"四个发展阶段的基础上，结合社会发展的现实需求，提出全媒体传播体系应当遵循的科学发展、技术赋能创新发展和持续发展的路径，强调"基于5G、人工智能、物联网的大生态群，将从底层逻辑上改变传播的生态与格局"。并探讨了全媒体建设如何实现内容与技术的融合、内容与场景的融合，提出关注用户、内容价值、机制创新和社会力量几个关键要素，为有效推进新型全媒体传播体系构建提供科学参考。中国人民大学新闻学院博士研究生赵睿、北京师范大学新闻传播学院喻国明教授在分析传统广电媒体发展面临的外部和内生困境的基础上,梳理并呈现了5G大视频时代对广播电视媒体的新期盼新要求,指出5G时代开启了全新的信息技术革命,彻底改变了原有的媒体生态。基于5G的技术逻辑,重点解读了受益于5G技术支持的边缘音视频内容生产、沉浸式内容分发服务以及超高清移动实时传输等三大广电媒体场景应用,强调人始终是最具生产力的要素,关于技术赋能下的人机协同问题是媒体融合发展研究的关键。中国传媒大学新媒体研究院副教授卢迪对5G与全媒体对接的应用场景进行了研究,他认为5G作为网络技术的一个巨大飞跃,不单单是对新媒体信息传播的应用场景进行了大幅拓展,同时也为社会各大领域以及相关垂直行业创新新媒体传播生态提供了现实可能。家庭、交通车载、个人媒体,作为5G时代三个最为重要的应用场景,在技术、产业和市场的推动下,将在全媒体传播体系的构建中发挥关键作用。

5G带给人们足够的遐想,带给新时期传媒产业足够的飞翔高度,但5G并不是万能的,甚至还有可能带来一些"副作用",这就要求全媒体传播在贴合5G时,还需要把握自己的触角,防止火花殃及无辜。清华大学新闻与传播学院吴悠指出,以超高速带宽、超低时延、超大链接为突出特点的5G技术,推动着数据新闻和融媒体传播的深度变革。同时,5G时代数据新闻的发展也面临着内容质量参差不齐及侵权盗版、发展不均衡且与既有传播模态联动性有待提高,以及专业人才数据素养的培养滞后等方面的问题,如果不正确看待、科学处理将会造成不必要的麻烦。北京师范大学喻国明教授认为,移动边缘计算(MEC,mobile edge computing)作为5G时代各产业数字化转型的关键应用加速器应运而生,在全媒体传播领域也将发挥重要作用。但边缘计算也带来了隐私担忧、知识鸿沟和数字鸿沟等一系列困惑,由于大数据源主要掌握在政府及大公司手中,开放大数据源的使用,并保证信息安全,需要强有力的制度给予保障。中国社会科学院新媒体研究中心黄楚新教授就5G技术在新闻传播领域的主要应用场景进行了畅想,认为5G与人工智能、大数据等前沿技术的融合将大大地赋能媒体行业，为新闻传播工作提供强有力支撑。他从基于 5G 的视频制播、助力融媒体平台建设、全面提升网络舆情应对能力等方面研究了 5G 技术在新闻传播领域的主要应用场景。同时也特别强调，基于技术的双刃性和媒体传播的特殊性，全媒体应对技术时必须保持科学理性的态度，既要善于把握技术发展所带来的驱动力，也应避免被技术绑架。新闻媒体一方面要积极拥抱新技术，加快建设全媒体的步伐；另一方面又要理性地使用新技术，防止技术这把"双刃剑"的负面效应。

纵观现有研究成果，关于 5G 时代全媒体传播全媒体素养研究，既有管理者层面政策制定和行业管理方面的思考，也不乏报纸、杂志、广播、电视和网络新媒体等来自新闻传播一线的业界宏论，还有高等院校、科研院所、新闻传播理论工作者的真知灼见。关于这一热点的研究，还只是经历了一个短短的时长，但取得的成果却非常丰富。同时，作为一种传播新事物新趋势，在某些方面还亟待我们做更广泛、更深入的创新研究。

第二节 基本定义

要明白全媒体素养的基本定义，就要弄清楚"素养"的内核及价值，进而从"媒介素养"的专业性展开思考，并在此基础上全方位阐述"全媒体素养"的多维内涵和特殊时代地位。从素养到媒介素养、全媒体素养概念上追根溯源，一步步找到出处，厘清每一阶段的研究路径、研究成果，既有助于正本清源，也有利于充分运用既有研究成果丰富充实未来成果。

一、素养

"素养"是一个在不断发展变化的概念，随着时空拓展和场域改变而不断发生变化。《牛津辞典》中对"素养"的解释是：知的状态或技能、识字，以及与教育有关的状态。一般意义上来讲，素养（literacy）指的是除了有对一个事物使用的能力之外，还有解读、反省、应用甚至评判的能力。由此可见，素养不仅仅是一种能力，也包含着对自身以及生活、社会、他人等外在认知有帮助的价值观。

"素"（nature）特指原始、根本、本质，本义指未经加工的细密本色丝织品，后指白色、乳白色等单一浅色、本色物品，引申为不加修饰自然天成，意味着颜色淡雅素净质地单纯淳厚高洁。《鹖冠子·学问》，"道德者，操行所以为素也"之"素"，即是说的操行道德本质；"素"（对应英语 element），指的是带有根本性质的物质或构成事物的基本成分，如元素、毒素、因素、要素、素材等词由此而来；"素"延伸到人类社会则指的是天生本性、遗传品质、心底本质，构成"素质""素性"，《易纬·乾凿度》曰："太素者，质之始也"；"素"引申指构成事物的基本成分带根本性质的部分，也引申指一向、向来，"素不留心""素不相识"等之"素"大概由此而来；"素"（in advance）还蕴含"预先""先天"，《国语·吴语》"夫谋，必素见成事焉，而后履之"和《史记·范雎蔡泽列传》"夫物不素具，不可以应卒"都能找到注脚，意味着"素养"的先天性、遗传性自然条件很重要。

从素养的"素"角度来看，人类感知素养、认知素养受到多重因素制约，自然环境、社会环境、经济环境都是决定素养之"素"的必然要素。从某种程度上说，占得天时地利，出身名门望族，则意味着素养可能会高人一等，孔武威猛即可占山为王，天生丽质顾盼生辉，认知度与被认知度自然会高出很多。有的人天生木讷不善言辞，有些人则是习惯做"意见领袖"，有些人对颜色辨识度、声音音阶辨识度迟钝，有些人对外部世界的方向感位置感格外敏锐，有些人对氧气密度异常警觉，有些人靠水而居与水结缘，骨子里、细胞里都洋溢着水感、水性。

"素"通"塑"，含塑造之意，与"养"一脉相承。李方郁《修中岳庙记》："我国家以神之灵，素神之形。"如果说"素"更强调遗传基因先天禀赋，那么"养"则更为重视后天培育与塑造，通过一系列有计划的措施手段纠正先天偏误，以驯化收敛野性、劣根性，修炼出符合社会发展进步和谐文明的操行道德，修炼出衣食住行观阅写颂等日常生活中所需要的基本能力，修炼出自身职业所必须具备的专业气质。

素养是一种自动行为、自觉行为与被动行为、非自觉行为，甚至需要他方鞭策的行为的合体行动，素养之高低取决于先天条件与后天教育的合力大小。素养提升是一项长期的复杂的系统工程，需要全人类全社会的共同努力、协同合作，应顺时顺势因势利导，切忌拔苗助长"养之太过"。

二、媒介素养

世界各国根据本国的媒介发展需求及研究领域，对媒介素养概念做出了不同的界定。1992年，美国传媒素养研究中心将媒介素养定义为：人们面对传媒的各种信息时的选择能力、理解能力、质疑能力、评估能力、创造和制作能力及思辨性回应能力。美国学者阿尔特·西尔弗布将媒介素养解释为："传统的媒介素养定义只是应用在印刷品上，也就是指对报纸、书籍上所学习到的知识的认识。在信息时代，媒介素养的意义已经不能局限在传统媒介的概念，现代的媒介素养概念还包括媒介工具以及解读信息的能力等，是新世纪公民的必备素质。"英国素养研究者大卫·伯金汉指出，媒介素养是媒介的教育与学习过程中所获得的知识与技能。传播学者鲁宾通过对不同媒介素养概念的分析和总结，归纳出三种媒介素养的模式，它们是"知识模式""能力模式"以及"理解模式"。随着各种新媒体的广泛应用，用户在资讯生产与传播中的参与性越来越强，对信息文本生产的影响也越来越大。因此，媒体素养又增添了创造、解读和传播媒介文本等新内涵。在加拿大安大略省发布的《媒介素养资料索引》中，媒介素养被界定为旨在帮助受众或传者对大众媒介的本质、大众媒介使用的技术及这些技术的影响培养明智的、批判的理解力。在北美地区，大多数国家及媒介组织认为：媒介素养指的是以不同的形式（包括印刷品和非印刷品），接触、分析、评价及传递信息的能力。因此，与传统素养一样，媒介素养应包括阅读能力、写作能力与传播能力。它不仅是认识、理解信息的能力，还包含在传播信息过程中对信息及媒介怀疑、分析、评价所蕴含的批判性思考的技能。

我国台湾学者认为，媒介素养是："大众解读媒介、思辨媒介、欣赏媒介，进而利用媒介发声，并重新建立社区的媒介文化品位，了解公民的传播权利和责任。"该定义突出社会公民对媒介的双主体性，强调公民与传统媒体的交互性。我国香港专家则认为，媒介素养是对各种媒介的认识，用批判的态度去接受及分析多种媒介的信息，能够解读信息背后的意识形态，了解媒介在日常生活中扮演的角色。

中国大陆对全媒体素养的研究还处于起步阶段，现在的研究主要是从人媒素养视角进行解读，针对人们交流沟通的工具与手段日益发展变化以及网络产业化的发展与融合，国内一些学者主张媒介素养是"个人与外界做合理而有效的沟通或互动所需具备的条件"。还有学者认为："媒介素养是指人们对各种媒介信息的解读和批判能力以及使用媒介信息为个人生活、社会发展所用的能力。"从中可解读出公民要善用媒体、积极提高制造媒体产品的能力，要成为对信息具有主动独立思考能力的人，需提高整个社会的文化品质与公民素养。由此可见，媒介素养内容丰富，实践功能突出，包括传播者、管理者和受众的基本认识、基本技术和基本能力等自觉意识、专业能力和固有实力。

人类自从有了主观能动性与主体意识以来，就不断地拓展自身的认知领域，而传播就是人类这种主体性及创造性的体现。对于自身实现传播的渴望和对跨越时空的无限追求，使得媒体传播不断地创新与更新。由于人类个体意识的限制，产生了媒体传播素养差异等问题，媒介素养随着媒介迭代升级和素养内涵的改变而不断变化。迄今为止，媒介素养这一概念的内涵和外延还在不断深入变化，其确切含义目前在学界还没达成一致，大致认为是受众能够经过后天培养形成的一种能力。

随着社会发展、时代进步和技术渗透，传播媒介由人际口头传播、纸质印刷传播发展到电报电话传播、广播电视传播及至现在的无线网络链接，形成传统传播媒介与新型传播媒介多元融合的全媒体传播平台。从广义上来说，媒介范围由传统的纸媒印刷媒体时代到电载媒体（如电报、电话、传真等）与数字移动媒体传播（如智能手机、可移动电视等），最后实现传统大众媒介、泛众自媒介和智能媒介相融合的全媒体传播体系。媒体素养概念伴随着媒体形成、发展与融合，经历了从保护受众、辨析媒介内容、批判媒介内容到参与式行动的四种范式。从 Web1.0 时代开始，受众在传统媒介生产中的地位发生变化，传播模式和传播机制得到重塑，受众由被动地接受信息转变成为主动的信息接受者、信息传播者和媒介参与者。在此背景下，第四代参与式行动范式逐渐形成。媒体素养范式的这种变化，揭示了媒介技术的进步及由此产生的社会环境的改变对媒体素养内涵的影响。不同的媒介环境和传播模式下，媒体素养的内涵是不同的，同时，媒介融合的不同阶段也影响着受众媒体素养的培育。每一个阶段的媒介素养，都有着媒介自身携带的阶段属性，各有重点又互相联系，共同将媒介素养推向更高阶段。

  从素养根本性内涵我们可以推断，媒介素养是指在不断发展中的现代信息传播环境下，人们正确取用（access）、理解（understand）及制造（create）媒体信息的能力，主要包括电信行业发展业态（电报电话时期）的技术发展水平、媒体传播（报纸、杂志等纸质媒体及广播电视媒体）从业人员的职业伦理与操守以及媒体传播使用者及管理者的基本认知、情感、理智、技术等要素。具体来讲，媒介素养应包含三个维度：一是对媒介工具传播技术的掌握与熟练应用；二是接收、传播、解读、思辨和甄别反馈各种资讯的能力；三是媒介与信息使用、消费、生产、协作以及参与等媒介信息化、社会化、产业化的能力。

三、全媒体素养

  当前，5G 技术全面融入传统媒体与新媒体之中，媒介传播与信息生产进入了一个"去专业化"的时代，人人皆媒、物物皆媒、事事皆媒的全媒体时代正在呼啸而来。过去被排斥在全媒体传播生产之外的社会公众，借助互联网（移动互联网）等新媒体平台介入信息生产与传播过程。全媒体传播技术在给人们交流带来便捷的同时，对社会公众的全媒体素养提出了新的要求。

在传统大众媒体时代，无论是电报电话传播还是报纸杂志传播、广播电视传播等，设置有专业采编人员精心编辑和施行严格规范的把关人制度，在一定程度上能够保证其传播公信力。在全媒体传播时代，对微信、博客、微博等新媒体、自媒体来讲，由于社会公众的素养不同，对信息的辨别力不同，有时候就出现以讹传讹的现象或"滚雪球效应"，造成社会恐慌或其他不必要的损失。正如《中国新闻周刊》所说，在互联网和手机时代，每一个技术的使用者都有可能成为信息发布源。在此条件下，公众参与民意表达更加方便，但同时也容易滋生虚假信息，给社会稳定带来不利影响。而政府在控制信息源方面难度有所增加，尤其是在传播速度方面更难以控制。因此，对于网络诈骗、手机短信虚假信息、微博微信误传等现象，一方面，我国政府应制定相关法律与制度规范以治理信息源或引导传播舆论，加大力度打击虚假信息的制造者；另一方面，则是要大力进行媒介素养教育，让公众自己学会去分辨全媒体传播内容，真正让媒体，尤其是新媒体，成为老百姓自己的媒体。

全媒体素养是认识使用融合媒介的能力、参与融合媒介信息生产过程的能力和了解融合媒介传播效果的能力，是全程素养、全息素养、全效素养的集成。全媒体素养的内涵，是一个完备的知识体系、技术体系和能力体系。全媒体素养建立在完备的个体知识结构之上，涉及个体对于信息生产传播的全过程的认知能力和驾驭能力。

全媒体是传统媒体、新兴媒体、智能媒体之集大成，全媒体素养则是传统媒体素养、新兴媒体素养、智能媒体素养之集大成。全媒体素养既包括全媒体之"全员"的"四个看齐"素养（技术素养、语词素养、符号素养、组合素养），包括全媒体之"全程"的传者素养、受者素养、互动素养、联动素养，也包括了"全员""全程"之对各种资讯信息（全息）甄别、采辑、拍摄、录制、发送。全媒体呼唤全素养，唯有全媒体之"全员"在"全程""全息"实践中不断全面提升全媒体素养，才能够最大程度发挥出全媒体之"全效"，以全媒体素养谱写全媒体传播新华章，成为中国特色全媒体传播理论体系创建创新与实践前行征程中的重要亮色。以此为立足点，需要我们以新时代中国特色社会主义网络文化强国建设需求为统领，构建基于媒介素养的全媒体"四力合一"传播效能同心圆。全媒体传播素养，不完全是想象中的传统大众传播素养、新兴网络传播素养、全媒体传播素养和智能传播素养的单个拼凑，而是各种各类媒体素养的深入渗透、有机组合和立体实践，是全媒体传播体系"全员"媒介从业人员独立个体所具有的"全程素养、全息素养"的时代要求。关于全媒体素养，还需要我们以时间传播与空间传播一体化，深度传播与精度传播一体化，独立传播与群体传播、组织传播一体化，技术创新与内容创新、管理创新一体化为目标指向和具体要求进行更深入地研究。

全媒体素养的研究重点，聚焦于全媒体素养信息传播效能与培育绩效建设。首先，要从源头上对全媒体素养信息传播效能与培育绩效内涵进行厘定，运用大数据深度学习等方法对全媒体素养信息传播效能与培育绩效进行测量与画像。其次，要从个体传播生发、运行演化与宏观影响三个层面通过可视化技术对全媒体素养信息传播效能与培育绩效情况进行解剖分析。运用"事件（数据）—过程"的分析方法，在对全媒体素养变迁进行历史分析与规律把握的基础上，结合大数据挖掘与智能分析，系统提出全媒体素养信息传播效能与培育绩效的生发机理与目标指向。再次，在客观辩证阐释其正负传播致效的基础上，基于模糊集等理论对全媒体素养评价指标体系进行仿真建模研究。从整体上观测全媒体素养信息传播效能与培育绩效的微观运行、宏观影响传播要素及培育机制的相互关联及相互作用，通过对全媒体传播的舆情传播、正向传播致效以及整体传播效能评价进行建模，设计科学完备实用的全媒体素养信息传播效能与培育绩效评价指标体系及计算模型，并开发相应的监测分析系统软件。最后，从舆论动力学、价值累加、机制设计等理论视角探讨全媒体素养信息传播效能评估与引导策略建设。

全媒体素养是全媒体传播效能的基础和保障，需要从全媒体角色塑造（内源动力）、正向传播驱动（外源动能）与风险传播阻断（外源管制）以及传播生态（宏观治理）等层面综合探讨媒介素养全媒体传播效能的引导策略构建。要深入研究如何结合话语场域、媒介效应、社会认同等要素设计全媒体素养信息传播效能的"信息流—影响流"交互级联模型及其实施对策，研究风险传播阻断、分解与转化的实施路径，研究如何加强媒介人与公民记者的传播素养、优化全媒体传播平台、规制传播秩序等维度的传播生态集成治理以实现全媒体传播效能最大化，研究基于媒介素养的评估指标体系以及评估监控管理等方面的机制与措施。通过对媒介素养的集成式研究，助力实现全媒体素养信息传播效能基础理论、支撑技术和应用研究三个层次相统一的目标。

第三节　基本分类

媒介融合不仅使传统媒介朝着人性化、交互性的方向发展，还会衍生出众多的新型媒介形式和日趋丰富的信息资源，形成多元、共生、制衡的动态格局。这反映全媒体传播是一个动态发展的复合系统，全媒体素养培育也需要一个动态发展的复合机制来加以保障。

全媒体素养有多种类型。按照传播渠道划分，有电报、电话、传真、图书、电台和电视等传统媒介素养，互联网、电子邮件、博客、微博、微信、短信、QQ、贴吧社区等新媒介素养以及融合型媒介素养。按照全媒体传播的实际操作层面划分，有道德素养、文化素养、艺术素养、创意素养、技术素养、法律素养和体育休闲素养等。按照全媒体传播的功能划分，则有全程媒体素养、全员媒体素养、全息媒体素养和全效媒体素养。

按传受关系划分，则有管理者素养、传者素养、受者素养、互动素养和联动素养等。鉴于全媒体传播实际操作层面的素养培育将在后面的章节详细论述，而功能类媒介素养已在第二节中系统探讨，因此本节主要论及以传受关系为主线的全媒体素养，也包括管理者和决策者的顶层设计标准及基层管理水平等方面。

一、管理素养

伴随5G技术和智能设备全媒体传播时代的到来，更多融媒系统取代承袭多年的传统记者、编辑角色，管理的重心和管理的对象发生质的变化，即由"管人"变成了带着人性智慧（甚至是高于人类智商）的"管机器"，以及有计划有意识地教育和训练智能机器人管理。全媒体传播的整个管理体系及每一个管理链条之计划、组织、指挥、协调、激励、控制和监督等管理路径，既传承传统新闻传播管理的基本原理，又在很多方面与传统新闻传播管理有天壤之别，对管理者的知识结构、瞬间决断智慧以及综合管理艺术都提出了更高的要求。例如，全媒体传播可以实现新闻稿件批量生产，管理者面临"智能哲学"现场思辨的新挑战。一场新闻发布会，在全媒体传播时代可以变化出多种多样的新闻稿件，通讯社（会议组织方）可以根据不同新闻单位或新闻用户的需求，一次性快速批量生产出文字类的"长篇通讯""现场速评""广播稿""电视稿""PC网络稿""手机网络稿""新闻客户端稿"及杂志社需要的"学术论文稿"。同时，全媒体管理可以使"出口成章"不再有口误笔误，既往主持人提心吊胆生怕念错稿件（特别是重大新闻稿件）的时代一去不复返，"智能把关人"将守卫在新闻传播生产链、供应链、价值链的每一节点，将虚假新闻、重复新闻，张冠李戴、移花接木的图片、音视频等不良信息彻底消灭。

全媒体管理素养有如下四个特征：其一，管理者需具备技术可能性和可行性的良好素质。可行性技术是现代媒介行业生存发展的需要，有助于信息管理的发展，管理者掌握5G网络与智能技术，有利于企业经营活动可持续研发与应用，有利于全面提升企业全媒体管理的综合水平。现代传播技术的可能性和可行性也促进了管理者信息技术、智能技术的结构优化与全面提升。其二，管理者需全面提升全媒体传播决策能力。智能传播决策涉及配置企业资源、建立并维持企业运营秩序等关键环节。管理大师西蒙认为管理的核心问题是决策，可见，智能传播决策的科学程度决定着智能管理的成败。目前，企业中流行的集成计算机制造系统（CIMS）、企业资源计划系统（ERP）、供应链管理系统（SCM）、客户关系管理系统（CRM）等决策性智能系统都有助于全面提升管理者的智能化和顶层设计化专业知识。其三，管理者应加强"机脑融合"和"人机协调"综合管理意识。全媒体管理素养培育是一种思想建构、一种模型塑造和一个体系完善，其目的并非推翻已经成熟的管理模块，实质上是建构智能管理体系，实现企业管理中"机脑融合"和"人机协调"等智能化功能。其四，管理者需以创造人机结合智能和企业群体智能为发展理念。全媒体管理、数字管理和智慧管理的目标在于创造"人机结合智能"与"企业群体智能"的集成化体系。德鲁克认为，20世纪，企业最有价值的资产是生产设备。21世纪，组织最有价值的资产将是那些智能化知识，最重要的能力是人机结合智能和企业群体智能。因此，21世纪全媒体产业的每一名管理者都应该成为全媒体知识与技术的掌握者，成为人机结合智能和企业群体智能的胜任者。

二、传者素养

当前传播科技日新月异，传统传播与新媒体传播之间的边界变得越来越模糊，无论是处于报社、电信局、广播电台、电视台、网络、手机等的哪一个平台，都将面临新兴媒体传播带来的挑战和机遇。传统媒体综合运用了文、图、声、光、电等数字信息手段，呈现与加工出多层次、多方位的传播内容，并通过多渠道、多形态的移动传统媒介手段与平台来传播。但是，全媒体记者、编辑、主持人、策划人等从业人员或传播者除了要具备专业知识与技能之外，还必须具备辨别、选择、加工、批判的能力以及参与传播各种信息的能力，具备与智能记者、智能编辑、虚拟主持人、智能管理系统默契协作的团队精神，所以全媒体传播者的全媒体素养的培育和全面提升显得尤为迫切。相比国外，我国传统媒介从业人员的全媒体素养教育已经落后，因此，其全媒体素养欠缺的问题显得格外突出。

全媒体从业者主要是指媒介机构、相关组织及中介、媒介管理、技术开发、营销服务等专业人员，涉及宏观媒介产业与行业发展规划，全媒体传播技术条件与资源环境的供给以及传播内容、平台、产品的提供与服务等。传播者的全媒体素养由整合能力、系统水平和有机协调等要素构成，主要包括以下几个方面：

1. 了解媒介融合特性，养成整合组织能力

在信息大爆炸时代，各种媒体形态、平台、内容、手法相互交织，不管是传统媒体，还是新兴媒体，都是全媒体传播的重要信息渠道，各有其不同的特性与职能，而在此烦琐庞杂的传统媒介与海量信息中，传统媒介仍保持对单一媒介或平台进行管理把关与设立门槛，或对某一信息内容检索、分析和整理为公众提供有价值信息或服务的惯常做法，已不适应当前媒介融合的发展需求。特别是，在新旧媒介融合情境下，媒介平台、组织及中介要依据不同的受众群体、媒介平台、媒介内容来营造或提供丰富多样的产品与服务，传统媒介自内而外的变革迫在眉睫。由于传统媒介产品的日趋多元化，传播者要把握各种传统媒介的特性与操作技能，洞悉传统纸媒、光盘、网络书籍、手机书籍、影视作品或者其他数字形态产品，将传统传播、自传播和智传播工作机制相互整合，适应多种媒体整合传播的新趋势。这些对融媒机构发展与个体传播者的职业能力与全素养涵化培育来讲，都提出了更大的挑战。

2. 掌握全媒体传播的系统技术

媒介融合的传播生态，对全媒体传播者在管理、策划、调研、营销、服务等各个环节都提出了更高的要求。全媒体不再是单纯的文字编辑、图

片编辑、声音编辑、图像编辑或网页编辑，而是集合上述素质于一身的泛众化、智慧化全媒体传播素养。不同媒介或服务之间原有的边界被彻底打破，为了实现最大化的传播效果，全媒体传播者需要运用各种媒体技术来制作和发布用户定制化产品。媒介内容也许是相同的，但媒介产品需要注入多元的、深度的、系统的内涵与品质。全媒体传播者需要能够提供文字、图片、网络、广播、电视、数字移动、智能推送等多种形式的产品，以适应不同的媒体渠道和不同受众私人定制的新需求。

3. 培育交互传播的协调组织能力

参与和互动是这个全媒体传播时代的鲜明特征。各种全媒体产品或平台的推出与应用都预示着新的技术和沟通手段的出现，都是以互动、参与和分享等为核心的赋权理念的彰显。因此，全媒体传播者要了解各种媒介平台的属性与功能，如手机短信、微博、微信、新闻组、论坛、社交网站、直播、短视频等平台传播产品的信息，不仅要不断优化并提供良好的服务与产品，争取读者，拓展市场，同时，要学会同使用者、其他媒介从业者、机构以及智能系统的有效互动，从而不断发现和挖掘独特的创意点子与协调组织能力。媒介平台需要有国际视野和跨文化沟通的能力，传播者要把握市场的动向和受众的心理，宣传自己的产品，建立品牌形象。一方面自觉扶持反映民族优秀文化的作品，另一方面对西方优秀的经验加以借鉴和运用，抵制文化殖民主义的渗透，从而不断提升国家的软实力。

三、受者素养

由于全媒体传播与产业化发展的速度与规模，以及研究的视角与维度的不同，人们对全媒体素养的理解与认知也各不相同。一般认为，全媒体素养分两个层次：一是社会公众对于全媒体传播的认知、应用与评价能力；一是媒介机构、组织与从业者对全媒体传播的前瞻意识、专业知识和敬业精神。

当前在媒介融合的大背景下，传者与受者的融合在不断加强，二者的传受关系与界限变得日益模糊，甚至瞬间转化。在传统大众传播时代，受众仅是电报、电话、报纸、杂志、广播、电视的信息接收者，没有参与权和选择权。现在，传播渠道的多元，信息的海量以及5G技术的渗透度与忠诚度越来越高，在丰富文化产品与选择度的同时，也加强了受众媒介的选择偏好和媒介信息批判能力的难度。一方面，受众自身缺乏一定的媒介信息批判能力，另一方面，面对快频率的大量信息，无法考察判断信息真实性、有效性，造成快餐消费、肤浅视觉阅读。同时，媒介与受众，或传者与受众的双向互动性越来越强，由于专业性、媒介拥有度、主导地位等方面的不对称，以及道德和法律意识的不同，出现受众全媒体素养缺乏，造成一些社会危机甚至公众事件。可见，在全媒体传播中，社会公众（受众/受者）的全媒体素养培育尤为重要。

我们必须看到，全媒体受众的群体及个体差异很大。从群体的多样化和细分来看，全媒体受众包括女性受众、农村受众、大学生受众、公务员受众以及青少年受众等。基于中国互联网络信息中心近几年互联网报告发布的相关数据，我国互联网城市人口红利正逐渐减弱，农村网民增速开始超过城市网民，6.5亿的农村市场开始加速向互联网张开怀抱，说明中国农民的全媒体素养教育越来越重要。当前我国农民全媒体素养教育存在信息化普及信息知识之间的悖论、农村电信基础设施建设与现实需求之间的差距，以及电信产品提供与农民需求或话语参与能力的缺失等问题，需要我们从政府、媒介发展和农民自立三个方面来进行改进。有学者从手机游戏或资讯信息所包含的暴力元素以及暴力倾向角度提出青少年全媒体素养的教育问题。2013年8月至12月，浙江团省委向全省发放两千余份调查问卷，对14至35周岁青少年做了一项有关手机网络环境的调查，结果显示，在被调查者中，有59%偶尔或经常浏览色情、暴力等不良信息，并且这一现象呈现低龄化趋势，在14~17周岁未成年人和18~22周岁青少年被调查者中，这一数据分别是52.4%和67%。而在有过浏览色情、暴力信息记录的青少年中，有78.8%属于"被动浏览者"，比例远超"主动浏览者"。当前我国在家庭、学校及其他社会教育中针对青少年的全媒体素养或媒介素养相比国外一些国家或地区都比较薄弱,青少年对信息、媒介角色的识别能力以及辨别能力都远远不够。

四、交互素养

全媒体传播具有互动性联动性强的特征,无论是网络论坛/BBS、博客、微博等吐槽、跟帖、评论,网络直播弹幕打赏起哄,还是微信朋友圈点赞评注,都在有意无意间传播社交关系、营造社会关系,因而全媒体素养对包括互动素养和联动素养的交互素养提出了更高的需求和要求。

全媒体传播的互动素养和联动素养,既涵盖了管理素养、传者素养、受者素养,是全员素养、全程素养、全息素养的集中聚会,又对"全员传播"的技术素养提出了更高要求。在新技术、新媒介、新终端、新渠道、新内容、新形式不断涌现的背景下,一旦不具备对新技术、新业务的高度敏感且不能尽快掌握,就会被新时代传播所淘汰。在新冠疫情期间,不少人因为没有携带智能终端手机没办法出示健康码、行程码,影响交通出行。在日常工作生活中,因为不了解在微信朋友圈"潜水"的上司领导,轻易发声胡乱点赞丢了职位、丢了工作。有个别夫妻因为其中一方不及时给配偶点赞直接影响到夫妻关系甚至闹离婚。有一部分人因为不会手机截屏、不会"打包转发信息"降低了工作效率。在求学求职过程中,有些人不了解电子邮件传播的"群发""转发""抄送""密发"等不同传播功能价值,一封求职信、求学信同时发送到多个单位、多个导师,"群发"信息不会加密,被一览无余,求职求学效果可想而知。

由此看来,全媒体传播时代的融媒产业化、社会化,不仅对全媒体传播格局带来影响,还对现实社会产生越来越大的作用,特别是对公众、政府干部、公务员以及一些社会公共服务机构人员的全媒体素养提出了新的要求。对于公众来说,社会化全媒体时代的全媒体素养应该包括媒介使用素养、媒介生产素养、媒介消费素养、媒介社会交往素养、互动协作素养以及联动参与素养等方面。对政府机构、政府官员来说，全媒体素养不仅包括对全媒体发展的认识与运用能力、把握能力、应对突发或危机的能力，更包括对媒介介质角色、媒介功能的认知及相应机制的保障，对全媒体的价值认知及对公众相应权利的保障以及信息公开渠道的建设与保障与媒体及公众的交流意识和能力。有学者对全国省会城市处级以上干部目标进行了一次大规模的全媒体素养专项调查，发现在任不少政府官员对全媒体传播载体、全媒体传播内容、全媒体传播形式缺少基本认识，对新闻基础知识和业务常识掌握得表面化、概念化，实际操作经验有限，对我国社会主义体制下全媒体传播新闻事业的特殊性以及社会转型背景下政府与媒体关系的转变尚未给予足够重视，在全媒体使用方面表现出相对的"滞后性"。

第四节 基本特征

全媒体传播是中外新闻传播历史上的革命性史诗性事件，也是全媒体之"全员"不忘初心继续前行的时代新篇。全媒体传播素养与传统概念的媒介素养既有一定的联系，又具有一些不尽相同的特点，主要表现在全员媒体素养参差不齐、全息媒体素养无所不包和全效媒体素养优化组合等几个方面。

一、全员媒体素养参差不齐

全媒体时代铸造出全员公民记者，呼唤全媒体体系的全员媒体管理新样式，而"全员"共同参与理念是全员媒体素养的基础与根本所在。从全媒体发展进程考察，"全员"顺应受众参与社会事务的需要，"全程"是为全员有效参与所实施的传播范围和触达程度。在5G赋能的现代新新媒介生态下，每个人、每一件智能终端都是作为传播主体的自媒体，"全员"在信息选择、传播中越来越主动，这就要求全媒体机构既要发挥"全员"作为公民记者的积极性、主动性、创造力和再造力，推动更多"全员"参与媒体传播活动，又要激发全体员工的全媒体热情共同参与全媒体传播各环节的工作实践。

当前，全程素养、全员素养存在诸多不足。一是传统媒体员工在融入全媒体体系中，难以彻底转变采编流程重构观念，技术尚有局限性；二是一些表面化结构化的全媒体机构未全面提升"全员"的参与度，因技术能力低未充分满足用户需求，缺乏激励"全员"参与的措施和手段；三是还有传统媒体难以把握技术的迭代动态，未合理平衡新旧媒体智能媒体之间的关系，在传播效果上顾此失彼，未取得社会效益和经济效益的双丰收或者在舆论引导和服务能力上有失权衡等。

1. 强化全媒体传播舆论生态意识

全媒体传播舆论生态意识，指的是传播者或决策者针对传统媒体再定位、新兴媒体应用拓展、全媒体的舆论引导、受众服务、社会效应与商业效益等方面所营造的社会共识或趋同态度。强化全媒体传播的舆论生态意识，就是要按照"加快推动媒体融合发展，构建全媒体传播格局"的要求，培养和练就基于传统媒体优势的传播能力、移动互联网技术驱动的传播能力、引导受众向上向善的舆论向心力、满足受众需求的务实能力和实现社会效益和经济效益双赢格局的超前魄力。传统媒体应基于5G网络和人工智能技术通过新兴媒体平台积极传播社会主流价值观和正能量的新闻事件，不断创新表达形式，激活传统媒体信息生产的创造力。

2. 深入挖掘新兴媒体的独特传播潜质

我们应时刻关注最新的技术和终端，树立"互联网+跨界"思维意识，充分掌握新兴媒体的新技术应用。传统媒体和新兴媒体、智能媒体应协调合作，共同建构政府指导下的全媒体传播大格局。利用5G网络技术进行智慧政府、智慧城市建设，以5G手机为主要载体服务受众，打造特色化"公共管理+用户服务"全媒体运营平台，采取免费为主、专业项目收费的"公益+商业"双向模式，以大数据公益性服务来反哺经济社会。全媒体机构通过自身过硬技术、良好社会声誉和忠实的目标用户群，一方面帮助政府部门或公益组织服务好社会民众，实现社会治理体系现代化，另一方面应尽力争取政府的信任和支持，赢得社会知名度，筹措一定风投资金或政府投资，实现自我发展、自我壮大。

3."全员"引导凝聚正义性舆论向心力、务实作为以满足受众实际需求

习近平的指示："要坚持移动优先策略，建设好自己的移动传播平台，管好用好商业化、社会化的互联网平台，让主流媒体借助移动传播，牢牢占据舆论引导、思想引领、文化传承、服务人民的传播制高点。"根据5G技术的发展现状和未来趋势，我国全媒体行业应明确打造中国特色的互联互通传播正能量平台，建构全媒体独领风骚的战略格局，在国家政务治理体系和社会生产生活中发挥最大平台优势，为服务中央、地方政府和人民群众做出应有的贡献。中央及部委级别的全媒体机构应朝着"打造国际一流全媒体传播平台"目标推进，树立舍我其谁、永立潮头的国际竞争意识；省级及直辖市全媒体行业，应整合现有资源，对准"建立国家新一代全媒体传播平台"目标不断改革创新，通过5G和人工智能的技术赋能服务地方政府的政务建设，为省级或直辖市的民众当好"店小二"；地市级和县域全媒体行业应本着量力而行、先行先试的原则，在技术上应依托中央或省级平台的支持，在业务上要夯实内涵发展、注重品牌建设。

新时期的舆论传播生态发生了根本性变局，具有标志性意义的新型主流媒体如国内新华社、人民日报和中央广播电视总台等国家级传统主流媒体转型而来的新华网、人民网和中国网络电视台全新亮相，和以BAT企业（百度、阿里巴巴、腾讯）为代表的新兴媒体相映生辉，5G时代正进一步促进现实社会生活向着虚拟社会生活方向转移。① 在5G赋能的全媒体时代，需要更具专业分工的"在地性"资源与力量的协同和参与，促使传统媒体更快推动网络化建设进程，使AR电子报纸、网上广播、互联网电视和智能电视等新兴媒体兴旺发达，尝试通过新技术延展媒体的容量与深度，为新新载体场域下的新兴受众创造新的传播内容和新的体验感受。随着媒体平台、媒体工具和媒体特性的融入化、智能化、一体化，传统媒体与新兴媒体、智能媒体

---

① 程明，战令琦.传统媒体的"解构"与新媒体的"解读"[J].今传媒，2017(2)：4-7.

的边界正在消融，开始相互融合形成统一体，推动传统媒体与新兴媒体、智能媒体的整体自我进化与升级迭代。5G 网络和智能技术促成多设备智能互联、超密度网络、超可靠通信等新概念的产生，通过集成多种无线接入技术，以体验式为主满足用户的实际需求。

4. 实现社会效益和经济效益双赢格局的超前魄力

目前，我国传统媒体生产的信息除自身平台发布之外，主要通过商业新媒体平台对外传播。传统媒体主要是为了扩大信息传播的影响力，突破线下时空的局限。传统媒体已建或在建的自主网站、移动客户端和微信公众号，有助于自身走向商业网络平台的道路。要实现社会效益和经济效益双赢格局，传播者需坚持"做大做强主流舆论，巩固全党全国人民团结奋斗的共同思想基础"底线原则。传统媒体应掌握舆论场的主动权和主导权，与主流新媒体积极合作、取长补短、相依共生。我国全媒体产业肩负政治使命，是政府治理国家的代言人，在 5G 网络环境下，这种职责将不断加强。传统媒体及其网站平台和担负公共信息分发、通讯、社交、电商、本地服务等功能的商业网络平台构成我国全媒体传播舆论生态的关键性节点，影响我国未来媒体发展方向。

全程素养与全员素养一以贯之，是"全员"在全媒体大格局全过程的"全程"思维意识和"全程"修为操守，即看待和掌握全媒体传播时空属性及功能的认知与态度。基于 5G 网络的全程媒体素养首先要有全程思维意识。5G 带来移动互联网和物联网的巨变，万物互联引发万物皆媒。人类社会媒体无限延伸，既包括报纸、广播、电视等传统媒体和新闻网、社交平台等新兴媒体，又包括万物互联的所有节点，人、物都是生产、传播信息的媒介。只有树立全程思维意识，具备全程素养，才能把握 5G 媒体传播的全细节和全过程。提供信息安全的端到端服务，需要全员全程整个体系整个流程的安全，意味着全员全程高度的使命感、责任心和道德意识。全程思维意识还包含全局视野，全面把握传统媒体、新兴媒体和智能媒体的优势与不足，树立对传统媒体、新兴媒体和智能媒体进行全媒体、全过程的动态评估意识，既要对传统媒体大众化传播效果进行考量,也要对专业新媒体网络传播效果进行评价。

二、全息媒体素养无所不包

全息媒体素养,指的是全媒体之"全员"在"全程"传播活动中利用最高端最先进的全部信息传播技术手段、信息传播媒介形态、信息传播媒介终端实现全幅式、立体式传播的基本业务能力和职业水平,大致可以区隔为全媒体职场素养、全媒体技术素养和全媒体伦理素养。

职场素养指传播者和受众均应具备的全息技术和全息媒体知识,即通晓文字、图片、音频、视频等多元媒体形态和全息技术。全媒体伦理素养是传播者在全息媒体传播中的道德底线,全媒体的核心价值是致力于社会共识的达成,实现各种社会力量共同的利益诉求,而非脱离于社会现实进行纯粹的"艺术加工"。全媒体传播给受众的是一个共同的美好世界,媒体呈现世界的初衷是共同利益,是基于社会个体与群体的共识来维持社会伦理秩序。共识追求与技术伦理规则的遵循,是全媒体呈现世界的终极目标。传播者与受众因全媒体的特质才达成潜在的伦理共识,而不是加剧社会的分歧和撕裂。人们对美好世界的追求源自对社会发展中积极事物或事件的呈现,并以此来温暖人心,形成良好社会伦理风尚,推动社会向善向好发展。我们应坚持全媒体伦理原则,致力于媒介公信力的培育,完成呈现全媒体传播真正价值的道德使命。

1. 积极培植全媒体技术基因

全媒体技术基因是"全息"的内核,是全媒体传播浩瀚无垠飞翔的翅膀。全媒体之"全员"需全面提升5G领域和人工智能方面的专业技术水平,从根本上弄清楚5G技术、超级计算、云技术、物联网、人工智能与新闻传播的内在逻辑关系。5G技术使数据传输速率全面提升,网络超级链接功能得到显著加强,万物互联的智能世界日益成型,超高速的下载接入速率令"全员"体验产生实质性变化,超低时延性可以创造更便利的生产生活场景,无限容量无限畅想的体验时代、创意时代即将到来。

2. 基于5G传输通道的全媒体传播和全媒体传播专业技能

全媒体的出现使得信息由定量、适度传播演变为海量过载全域发送，由一点对多点的单向传播转变为多点对多点的链式传播和强互动病毒式传播，由精英传播变为大众传播、精准传播。用户的规模、类型和层次变得庞大而多样，用户获取系统精准推送的高质量信息，全媒体技术使用户更积极认知世界、主动参与社交活动和自由表达感受，人机协调和机脑融合的智能技术将实现人脑功能和类人脑技术的互通互融。传播者应洞察现代科技的新动态，掌握全媒体和5G技术应用实践的新特征，积极探索全媒体与5G结合的新模式。5G网络传播要求全时空、全现实、全连接和全媒体等元素，人类可实现VR、AR和MR等全息沉浸式交互体验，超高清4K和超超高清8K视频技术使用户观赏更清晰，5G实现人与虚拟世界更迅速地衔接，现实世界与虚拟世界之间的界限逐渐模糊，传播者把握了5G技术，就是抓住了全媒体发展的关键抓手。[①]

3. 全媒体融合发展的技术动态

互联网使信息传播的成本大大降低，人们社交范围得以拓展，以5G为代表的现代技术加快了全媒体传播进程，5G技术提供更通畅的宽带、更迅捷的网速、更直接的体验，大大拓展信息传播的广度、深度和效度。区块链技术与全媒体的融合将根本性颠覆现代传播理念，彻底改变信息传播的生成机制、传达机制和激励机制，用户数字资产和用户隐私将得到增值和保护，假新闻等失范现象得以根除。5G与人工智能的结合使无线接入网超越管道角色，成为一个泛化平台。云计算加快了边缘计算使效益猛增，多源数据和复杂算法成为网络化、扁平化后各个节点的赋权者和赋能者，信息传递更加短程化，人与族群建构更加分散化，传播更加直接、效益化，全媒体政治、经济和文化的传播力更为凸显。

---

① 胡正荣. 技术、传播、价值，从5G等技术到来看社会重构与价值重塑 [J]. 人民论坛，2019（11）：30-31.

三、全效媒体素养优化组合

全效媒体传播要求传播者对传播节点效能全面提升。全媒体传播之"全效",涉及全媒体功能效率的融入化、立体化、综合化、全面化、优质化和品牌化,侧重于传播组织、传播机构、传播个体对传播节点进行全方位的效能效率全面提升,把目标用户最大化、最优化转化为实际受众,提高全媒体传播内容和传播质量。5G赋能媒介融合背景下的全媒体传播,每个成员都是全媒体传播支链上的一个节点,节点传播具有体现自我价值、营造和谐氛围、表现世界、有效互动、满足受众需求等功能。[①] 全媒体传播支链上的一个个个体节点,包括了"全员"的性别、职业、年龄、兴趣等属性,信息在两个节点间流动的前提是信息价值,信息价值取决于信息被转发或评论的频率。从理论上来说,每个成员都是传播中的关键节点,"全员"自身属性及其所在网络地位或作用的差异,使得他们在信息传播过程中的作用截然不同。信息内容的网络流动呈现不均衡性,流向集中的那些节点成为网络关键节点,如自媒体的大V节点、商业平台的网红节点和专业网络的权威节点等。

1. 具备全员、全程、全息为全效服务的基本能力

为了"全员"实现"全效"的综合素质,需要掌握通信领域里处于在线状态的终端设备的技术知识,了解互联网浏览、内容转发、自主评价、有效互动的传统交际模式,通晓每个用户既是节点实体又是节点内容,既创造性激活节点又与其他节点互动生产、传播信息的智能交际模式。全媒体传播节点要实现更高效率,"全员"需要基于5G、大数据和人工智能等技术加快生产信息的速度、全流程全面提升传播内容的效果、全方位改进全媒体的传播功能,充分发挥全媒体内容、信息、社交、服务等全套功能,既要有基于传统媒体的传播能力,又要有基于移动互联网的现代传播

---

① 张佰明.人的整体性延伸的传播形态:节点传播[J].现代传播(中国传媒大学学报),2014(5):22-26.

意识，既要有引导社会舆论的责任心，又要有为用户服务的公仆态度。

全媒体"全员"还应有实现各种场景效果的"全效"素养，实现全媒体理想的社会功能。随着5G网络技术的发展，"全员"成为全媒体传播的决定因素，关键节点传播呈现简洁、口语强、网群术语多、情感和感受突出等特点。关键节点聚合力主要源自用户偏好性选择行为，关键节点间的密度越高，受众关注度就越高，影响力也就越大。因此，"全员"不能仅仅担当群体传播的一般节点，还应成为关键节点，要有强大的聚合力，产生广泛的影响力。只有成为受众密切关注和主动连接的关键节点，传播者才能成为网络传播的主渠道，形成病毒式扩散的源发地，才能在全媒体传播生态中起到主导作用。作为全媒体传播生态关键节点的"全员"，应充分发挥自身的能动性与引领作用，广泛参与全媒体的全方位传播活动，呈现自身正面的社会形象。

2. 全面提升全媒体传播技术水平

对于传播者来说，就是要积极培植技术基因，为全媒体传播插上技术之翼。首先，传播者需全面提升5G和人工智能方面的专业技术水平。从长远来看，5G和人工智能是现代媒体传播发展的关键因素。5G具有高速率、高可靠、低时延、低功耗等特点，具有超级链接能力，是支持多个逻辑切片的原生平台，为媒体行业提供相互隔离的不同5G网络切片。这种端到端的网络切片将是实现5G全媒体行业数字化的支柱型技术。基于端到端网络切片技术，运营商就可以按需生成逻辑切片，实现更快的网络定制和适时的调优改进。5G技术使数据传输速率全面提升百倍，网络超级连接功能得到显著加强，万物互联的智能世界日益成型。5G的G比特级超高的接入速率令用户体验产生实质性变化，意味着无限容量体验时代的到来，5G的超低时延性可以创造更便利的生产、生活场景。5G技术超低能耗使网络接入容量大大增强，也保障了平台强大的续航能力。因此，传播者需紧跟5G技术进步的步伐，使全媒体传播完成"人—人、人—物、物—物"传播的历史使命。传播者还应把握5G网络传播的安全技术。5G网络切片是相对独立的自治系统，端到端的网络切片的安全保障是5G独特的技术创新，5G技术可以针对媒体特定需求进行端到端应用的可信安全适配。这种经过"云管端"协同的顶层设计及生态构筑而成的网络切片既满足媒体行业的具体需求，又客观促进全媒体传播市场的迭代升级。

全媒体传播的崭新机制，要求"全员"必须具有基于5G的全媒体传播专业技能。全媒体传播的出现，使得信息由定量、适度传播演变为海量过载广域发送，由一点对多点的单向传播转变为多点对多点的链式传播和强互动病毒式传播，由精英传播变为大众传播。全媒体技术使用户更积极认知世界、主动参与社交活动和自由表达感受。人机协调和机脑融合的智能技术将实现人脑功能和类人脑技术的互通互融。"全员"应洞察现代科技的新动态，掌握全媒体和5G技术应用实践的新特征，积极探索全媒体与5G结合的新模式。

3. 练就全能、全程、全效型职场技能

5G赋能的全媒体传播，从智能终端融合、智能渠道融合、智能平台融合到智能云融合，传统媒体、新兴媒体和智能媒体新、旧媒体在资源、内容、技术、运营、产业和管理等方面走向高度共享融合，智能手机、平板电脑和可穿戴设备等正在多屏共存。传播者必须重视全媒体跨屏传播的无缝对接和表现形式的差异性等情况，通过终端融合打造多态化传播模式。

要练就全能型职场技能，传播者应认清传统技术和新兴技术的迭代升级状态，淬炼全媒体职场的过硬技艺。随着5G技术的商用和5G智能终端的陆续面市，全息媒体将进一步促进信息来源、传播对象和应用技术的多元化，塑造多向传播的新格局，改写媒介舆论生态和传播话语权的结构版图。从内部技术更新看，传统媒体在受众信任度上的衰减，引发传播话语权在媒体结构框架上的重新调整，用户的信任度和传播话语权等随之发生移位。

为了实现全媒体传播之"全程全息"的"全效"，"全员"务须淬炼全能型、全程型、全息型的全媒体职场技能，以强化全媒体传播全过程、全时效、全员参与的新型传播功效。全程型职场技能要求传播者敢于突破媒体传播的时空界限，强化全过程、全时效、全员参与的全程全员功效。全程媒体始终关注传播内容与受众需求的吻合性，保持信息的断点持续接收。在Web3.0时代，人们通过微博、微信、QQ等社交平台自由发布信息，可以全天候、全空域、分散式获得经过智能过滤的精准信息。在传统媒体转型和新媒体扩张的背景下，5G技术和人工智能等新兴技术使无人机摄录、机器人撰稿、机器人主播、虚拟现实和增强现实等不断向全程媒体行业渗透，使得智能化信息采集、智能化信息加工、智能化传播与智能化交互主体逐渐泛化，大大拓展了全程媒体传播空间，生活、娱乐、企业和政务等全程媒体增长迅速，呈现内容多样、功能异质、服务定制、领域细分等表征。

全媒体之"全员"要顺应全程媒介技术的发展要求，更新自身知识结构，加强全程职场涵养的培育。全程媒体可激活垂直细分领域的传播活力，引导服务化、商业化平台健康发展，充分发挥内容、关系、服务、场景等要素的内在潜力，通过社群化、服务化、电商化转型实现"脱媒化"的发展新要求。全媒体之"全员"应密切关注金融、环境、气象、交通等数据密集型的企业和机构正承担"脱媒化"传播角色这一新情况，厘清脱媒组织的类型和传播特质，从自身转型或全程媒介技术全面提升出发汲取脱媒企业或机构的发展经验，不断壮大组织实力。① 全效媒体发展重心在于跨渠道、跨平台的整合运营，通过全效媒体矩阵构建，打通内容生产、渠道传播、用户交互、全效连接的闭环体系，这就要求全媒体之"全员"要精通5G技术和全效媒体的综合整合功能。

---

① 向安玲，沈阳. 全息、全知、全能：未来媒体发展趋势探析 [J]. 中国出版，2016（2）：3-7.

第二章 素养构件

网络技术、智能技术、量子通信技术等的发展进步，网站传播、QQ传播、微信传播等的兴起，量子传播的盛大启幕，与原始传播、传统媒体传播等一起构筑成全媒体传播新生态。全媒体传播是新闻传播当下和将来发展走向的标示，是新型传播载体、新型传播形式、新型传播内容、新型传播主体和新型传播效果的裂变组合与创造。从报纸、杂志、广播、电视等传统媒体传播到互联网、移动互联网等新兴媒体传播，从传统媒体时期的"电视人""容器人"发展变迁到新兴媒体时代的"网络人""微博人""短信人""QQ人"，传播载体、传播渠道、传播手段、传播内容、传播形式每时每刻都在发生着变化，全媒体素养的规则规范、内容形式等构件紧随着发生潜变与扩张。

从传播发展进程考察全媒体传播素养，就会发现传播发展变化与科技创新如影随形。从原始传播到报纸杂志纸质传播，经历了漫长的原始传播工具的进化，伴随着原始传播内容、原始传播载体更迭，经历了原始记录材料到造纸技术的漫漫征程，经历了造字技术、印刷技术及至报纸传播、杂志传播等翻天覆地的技术革命产业革新。在电信传播不同的技术支撑时代，每一"G时期"都会存在不同的传播样态，下一"G时期"的电信传播，即是前一"G时期"的未来传播。以未来传播视野考察电信传播，传播主体发生了革命性变化，传播主体与传播对象互动性增强，传播通道更为畅达宽广，传播速度可以实现随心所欲，传播内容可以在多条通路、多个终端多重应用，表现出更为丰富多彩的形式模样。未来，我们需要具有"无界限、无疆域、无阻隔"的边界模糊思维意识，还需要未来视界、未来视域考量与处理未来传播道路上的系列问题。在未来传播时代，"意见领袖"瞬间就会变成"沉默的螺旋"，传媒大咖说不定就是完全不起眼的"路人甲"，国家元首与平民百姓的交流与合作趋于平常，"世界是平的"在未来随时可以找到注脚。①

全媒体素养与一般媒介素养有着一惯性、连续性等天然联系，比如都需要坚持国家利益至上、民族利益至上的爱国情怀，都需要坚守政策法规原则和传统道德底线，需要具备观察、阅读、视听、诵读等望闻问切基本技能，都涵盖有管理素养、传者素养、受者素养、互动素养、创造素养。与此同时，全媒体素养又有着自身独有的修炼修为要求，主要包括政治性、迅捷性、全面性、技术性、系统性、创意性、产业性和未来性等基本要件。

第一节　政治信仰

全媒体传播素养之政治素养，首先要视野开阔，找准全媒体传播在推进构建人类命运共同体进程中的政治定位，确立"全员传播"人群在创建"网络空间命运共同体"中的使命担当。全媒体传播素养之政治素养，务必将国家利益、民族利益置于至高无上的位置，坚定"四个自信"，坚决执行"两个维护"，在全媒体传播过程中自觉履行"全员传播""全程传播"的应尽职责，尽量做好"全息传播""全效传播"。

一、国际视野

全媒体传播之政治素养，就是要有兼收并蓄海纳百川的博大胸怀，有高瞻远瞩放眼全球的国际视野，在网络空间命运共同体中共同提升"地球村"村民的整体全媒体素养。

---

① 曾静平. 电信传播的未来发展演进趋势畅想［J］. 人民论坛·学术前沿，2017（12）：58-65.

在全媒体国际化程度不断提高、即时化个性化传播不断丰富的背景下，跨界跨域传播益发频繁，很多国际组织名录、国际技术名词和技术高管等在全媒体交流中约定成俗的特殊简化表达，构成了全媒体特有的传播组合元素。如果不具备这方面基本素养，就会对"TPP""RCEP""WTO""BAT""APP""ICT""CPI""FIFA"和"SDR"等出现在各种新媒体报道里不加解释的大量新兴组合词不明就里。随着全媒体传播在国际交流中的地位不断上升，多元组合日新月异，新媒体语词、新媒体符号、新媒体组合等互融全媒体传播正在形成。

二、建章立制

为了确保中国特色全媒体传播素养之崇高政治信仰，有必要通过建立相关序列政策法规进行规范引导，并通过检查督促使建章立制落到实处。2014年8月7日，国家互联网信息办公室正式发布《即时通信工具公众信息服务发展管理暂行规定》，简称"微信十条"，划出"七条底线"。同时，微信、易信、来往、陌陌、米聊、新浪微米和光明网时光谱等国内7大主要移动即时通信商随后发出联合倡议，号召各移动即时通信服务企业履行社会责任，汇聚正能量，并表示将积极配合三部门专项治理行动开展自我查改，共同推动移动互联网产业健康有序发展。这是一次很有价值的针对某一全媒体传播产品的素养规范行动。

通过政府职能部门和行业管理机构的建章立制，确认全媒体传播政治素养相关信息评价指标体系。在全媒体传播背景下，社会公众不再是某个单一的媒体信息消费者，而是为媒体集团内的多个媒体平台服务的信息生产者和传播者。因此，社会公众在使用全媒体传播平台时，要不断提高自身讲政治、重信仰、抒情怀的调查研究能力，信息敏感能力和文字表达能力等，培养多种媒体传播应用的思维和理念，懂得不同传播媒介的传播效果，掌握多种媒体传播技术，立体化、多元化地宣传党和国家的政治主张，能够熟练而快捷地搜集、发送、处理各式文本、图表、动画、视音频等材料，还需具备由这种多媒体能力内定的多语言符号的编码解码能力，将政治信仰、政府政策主张等信息资源转化成全媒体传播不同的媒介产品，进而提高全媒体政治信息传播能力。

三、课堂思政

为了实现全社会在百年未有之大变局时全面提升全媒体素养，可以将全媒体素养纳入高等院校科研院所思想政治课程教育体系之中。在现行的课堂教学和新编的各类高校教材中，以动漫游戏等全媒体传播形式导入全媒体技术范例，图文并茂深入浅出洞悉全媒体的基本技术原理，引导学生正确使用电子邮件传播，合理适度应用博客、微博客、短信、微信。在不同场景、不同时间段针对不同传播对象、不同传播内容和不同传播价值选择采用智能电话、手机短信、QQ、微信或者电子邮件，采用差异化传播、优先渠道传播和交叉重叠传播等多种方式，以实现最优化、最精确化全媒体传播效果。

为了提高全媒体政治素养，可以将微信、短信、QQ、电子邮件等各种不同类型的新媒体贯穿于思想政治课堂教学，融汇到学校与家长、教师与学生、教师与教师以及学生与学生的基本素质训练之中，使之明辨垃圾讯息、木马病毒、诈骗短信和伪基站的基本特点，随时掌握形如公检法"冻结"诈骗、假冒社保信息、假冒快递信息、热门节目中奖诈骗等不同新媒体诈骗手段的特点和规律，揭穿骗子的骗术伎俩，让其随时原形毕露无处藏身。提高新媒体技术素养，还可以清晰"低头一族"对眼睛、对脊柱、对睡眠等的生理心理危害以及不当使用手机的辐射性损伤，从根本上摆脱网络依赖、手机依赖的困扰。为了防范全媒体传播技术风险，应该高度警惕钓鱼软件和木马病毒的侵袭，安装必要的安全软件，经常进行安全体检，保障全媒体传播使用安全。

四、人文情怀

培养全员传播群体的社会主义核心价值，抒发爱党爱国敬民爱民的人文情怀。在媒介融合、技术创新、时代变革日新月异的全媒体时代，社会公众不仅对社会公众事务具有使命感与参与感，还应有一定的社会责任感和可持续发展的能力。在全媒体的大众化、商业化、市场化程度愈深的大环境下，坚守全媒体传播素养尤为重要。对于那些滥用媒体权利牟取私利或者进行权力寻租，或者为增加点击量、发行量和收视率、收听率进行恶意新闻炒作，或者报道干涉私人领域、"人肉搜索"侵犯公民隐私权，甚至制造"假新闻""有偿新闻"等有害信息传播的不良社会现象，应自觉地抵制与批判。对于在微博、微信等即时通信平台中发布个人情感发泄，陷入疯狂追逐更多粉丝的怪圈，沉迷在自己成为"意见领袖"的幻境的情形，我们应该有意识地进行有效的信息过滤。

与严谨的传统媒体传播不同，全媒体传播的各种组合往往不加任何解释，直接使用英语缩写组合。在全媒体传播体系建设中，驾轻就熟将各种英语词语组合、英汉词语组合运用于合适的场合和传播对象，就会在全媒体信息交换里程中收到奇效。通过对各种不同场景下的全媒体组合寻根溯源，遵照组合寻根法则言行一致，有意识在思想政治课堂教学中适当运用全媒体组合新词，"不经意"间蹦出"BAT""CEO""CTO""FCC""HR""OTT"等各种各类媒体组合新词，让学生明白这类国际化组合传播的内涵外延，领会全媒体组合每一个字母的"浓缩"来源，"润物细无声"地使其养成"知其然知其所以然"的好习惯，将全媒体组合素养思维导入"小中见大""知微见著""细微之处见精神"的思想境界培养之中。①

第二节　快捷反应

全媒体传播素养全部素养要件中，对外界事物反应迅捷是其主要元

---

① 曾静平. 高校思想政治工作之新媒体素养五法则 [J]. 中国高等教育，2018 (6): 33-35.

件。快捷反应就是要快速感知出哪些信息具有传播价值，迅速判断出以何种传播形式、何种传播载体最有传播效果，极速完成信息采写编辑影像摄录并一气呵成发送到信息传载平台。

一、快速选择

进入全媒体传播时代，意味着海量信息集聚到人们视野，意味着传统媒体传播时期，信息层层把关的惯例一去不复返，意味着"全员"即时对海量信息进行甄辨抉择，意味着需要在第一时间第一落点快速接通传统媒体与新兴媒体、智能媒体的信息通道。

与现代通信技术不断创新密切关联的即时通信平台自1998年面世以来，信息传输功能日益丰富，已经不再是一个单纯的个体间、群体间的聊天工具，逐渐集成了电子邮件、博客、音乐、电视、游戏和搜索等多种功能，发展成个人即时通信、商务即时通信、企业即时通信、行业即时通信、网页即时通信以及泛即时通信等多种应用形式，是一个集交流、资讯、娱乐、搜索、电子商务、办公协作和企业客户服务等为一体的综合性信息传播平台。在这样的综合性信息传播平台上，我们必须具备能够在海量信息中快速筛选信息的能力，培养出发现问题和处理信息的能力，将文本依据碎片化、随机化、情境化、复杂化等特点分门别类"对号入座"。

二、快速协调

全媒体传播体系覆盖了原始传播、传统媒体传播、新兴媒体传播和智能媒体传播等全技术全疆域，传播子类纷繁复杂，短信、电子邮件、QQ、博客、微博和微信等接踵而至，需要将海量资讯在最短时间内进行"平台化"内部协调，根据不同传播特点对粗线条原信息"量体裁衣"，按需分配到各个传播子平台。在全媒体传播时代，社会公众快速协调素养的核心价值已不再是采集一般信息，而是面对浩如烟海的信息需要瞬时筛选、探寻、鉴别真正有价值的信息，并将其有序整合和立体呈现，更加真实、系统、深入、立体地了解和把握这个世界。微信、QQ、易信、来往、陌陌、米聊等即时通信平台，往往具有即时交互传播、节点共享、动态发散以及"弱连带"等功能。"全员传播"中，信息的整合与提炼能力就显得尤其重要。"全员"将每天身边发生的令自己有感触的事情以文字或者图片以简短精练的形式进行发布时，要注意人与人之间即时通信交往有时候会带有功利色彩，有时候则为了缓解工作中的紧张和压力。在快节奏的现代社会，短小精悍幽默有趣的博客、微博更能激发阅读欲、传播欲，激发现代人注重信息获取和信息分享的传播动机，实现具有核裂变一般的迭代扩变传播能量。

在信息瞬息万变的全媒体传播时代，认识媒介、选择媒介、解读媒介、充分有效地利用媒介，已经成为现代公民必备的生存能力和生活技能。全媒体传播的快速协调素养，需要社会公众培养良好的快速信息表达与交流方式。即时通信素养的目的，就是在人们正确认识和解读媒介及其信息，建设性地享用媒介资源时，逐步培养批判能力和批判的自主性，使人们能够在多元的媒介环境中，合理地利用媒介促进社会和自我完善。

三、快速创造

全媒体传播的"全员"不仅仅是信息的受众，同时也是信息的创造者与传播者。即时发挥个人天才智慧快速创造全媒体亟需的信息资讯，适时将既有资讯快速合成再造，就成为全媒体传播素养的重要构件。

为了满足全媒体传播"碎片化阅读"的需要，被切割成碎片的阅读模式如何与知识的完整理解和获取相一致就成为"人民日益增长的文化需要"。全媒体传播快速创造素养就是既要考虑用碎片化阅读迎合人们对于信息获取的需求，又要保证网络社会重信息又重知识的新大局。全媒体传播快速创造素养包括全媒体场景快速创造、全媒体标符快速创造和全媒体语词快速创造等，也包括全媒体场景、全媒体标符、全媒体语词在不同应用场合、不同应用形式背景下的再创造。"囧""雷人""山寨""神马"

"特么""粉丝""灌水""拍砖""高富帅""白富美""活久见""给力""屌丝""撒狗粮""吃瓜""逼格""图样图森破""蓝瘦香菇"等全媒体传播新语词已经陆陆续续进入人们的常用语料库，有些甚至补充为新编《现代汉语词典》新词。"喜大普奔""人艰不拆""十动然拒""又双叒叕""水烎淼㵘""火炎焱燚""土圭垚壵"等好玩好看的四字结构在"95"后、"00"后眼中就是"新型成语"，写作业聊天时信手拈来脱口而出，俨然不这样就没办法与同龄人交流。适度适当使用这些新兴语词，可以鼓励与激发孩子们的语言语词想象力与创造力，瞬间拉近不同年龄不同职业人群间的距离，增加师长与晚辈打交道时的亲和力，营造诙谐活跃平等开放自由的交流氛围，达到理想化思想渗透。

第三节 专业敏感

专业敏感度是全媒体素养构件的制胜法宝，也是区别于其他职业素养的特质。伴随着全媒体内涵与外延不断发展，使用范畴和传播手段不断创新，全媒体政策法规素养、全媒体技术素养、全媒体语词素养、标符素养、场景素养等不断深化和扩张，全媒体传播专业敏感度要求也在一步步升级。

一、环境敏感

所谓全媒体传播素养之环境敏感，就是对全媒体传播周边的政治环境、经济环境、文化环境、地域环境等宏观、中观环境能够迅速做出精准分析判断，对全媒体传播的技术变化、形式变化、内容变化、产业变化、管理变化等微观全媒体传播环境能够即时审时度势并且适时做出调整，包括适时跟进、适时融入、适时协作、适时变招以及适时撤离。

当新兴语言文字不再被视为全媒体传播的唯一符号，当音视频动漫等多样化、多极化"传播语言"逐渐兴起时，就应该正确识别新兴全媒体传播语词并适度在适当场合使用，这种环境敏感素养，就成为新时期全媒体传播事半功倍的创新利器。当前，全媒体传播语音、文字、图片、动画和音视频传播等无所不能，在博客、微博传播、贴吧社区传播、电子邮件传播、QQ传播和短信微信传播等信息传递过程中，玫瑰、红唇、微笑、抱抱、挠头等各类传输符号的使用数量和比例日趋增加，符号内涵日益丰富，被语言学家称之为全球最广泛使用的"语言"，是实现高效快捷信息传播的新奇信号。2016年，伦敦一公司聘请一名"表情符号翻译员"，专门负责解释跨文化语境下的表情符号意义，以应对表情符号用法多变的"潜在增长领域"，从某一侧面反映出全媒体特定专业人才需求潜滋暗长，反映出全媒体传播时代的高度职业敏感。

二、技术敏感

技术敏感特指全媒体传播的"全员"对传播技术变化的自觉意识，对全媒体传播技术创新与传播形式、传播载体、传播渠道高度关联的特殊敏锐。

"表情包"作为一种新兴媒体表达形式最早在日本的移动终端推出时，刚一亮相就深受新生代欢迎推崇，也瞬间点爆了传播界职业敏感人士的内心激情。这些专业人士马上意识到，这些将人类脸上"阴晴圆缺"的表情动漫化、虚拟化的网络标符，不仅仅是非原样式标点符号的集合，而且是能够在全媒体传播语境中快速表达瞬时心情场景的时代创造。全媒体传播语境中的"表情包"，通过编码小图片来表达场景、语调、情感与心情，是一种网络赛博空间次文化的写照。如果说新兴网络语词可能是中国式（或中西合璧）的全媒体环境文化再造，那么"表情包"则是全媒体对话中不可或缺的国际元素。在推特、脸书、微信、微博里面的一句话、一段词，配上笑脸、苦思、眨眼、张狂、冒冷汗等"变脸"表情符号，语气氛围顿时会大不相同，传情达意的效果也天差地别。在特定的全媒体对话环境下，将表情符号嵌入文字信息当中，是一种寓意肢体语言而又超越肢体语言的特殊沟通方式。

三、产业敏感

全媒体传播专业素养的产业敏感，重点关注的是全媒体技术变化、技术创新带给全媒体产业链连锁反应的适时应对和全面融入，关注的是每一项技术创新所带来的产业业态新元素，关注的是全媒体传播技术创新、技术革命带来的前所未有的产业变局。

当电子邮件传播、博客/微博传播以及QQ传播等出现时，一般人只看到了一种新的传播形式，而没有透过现象看本质，意识到其背后庞大的产业集群。腾讯QQ是一活跃的社交平台，通过精心建设与布局的各种层级化传播，增强了各层级群友的交流黏度，激发了玩友的兴趣和创造力，衍生出浑然天成的层级性产业链，将QQ传播创收推向一个个新高度。QQ在层级产业链布局谋篇方面的新奇创想，为QQ用户所提供的看似平等的信息交流与传播、资源获取与共享平台，实则自发形成的或人为构建的层层等级，演绎出包括QQ内容订购服务、QQ会员订购以及虚拟装备营销、虚拟道具销售等丰硕产业。腾讯QQ传播构建的层级性体系成功地通过打造层级性业务链，强化用户等级意识、叠加外显性与实用性特权，满足用户的出众需求和多层等级嵌套营造差异感，维持用户优越追求这几方面加以结合，刺激非付费用户的活跃度，让特权的享有者为了到达特权顶峰而继续在层级性体系内攀升，同时不断吸引特权圈子外的QQ用户加入，实现付费用户数量的稳步提升，为腾讯公司带来持续增长的商业收益。[①]

第四节 媒体全能

全媒体传播素养的媒体全能，指的是既忧国忧民爱岗敬业又身怀传播

[①] 曾静平，刘爽. 论QQ传播的层级性受众和层级性产业 [J]. 现代传播（中国传媒大学学报），2018（2）：128-131.

技艺，是将创意素养、管理素养、传播素养、接收素养、反馈素养、产业素养、纠错素养等百般技艺集于一人一身。在全媒体时代的信息传播活动中，传者与受者边界模糊且位置瞬间更换颠覆，有时候还会传者、受者与"把关人"集于一身，文字撰写、图片制作、音视频摄制集于一炉，需要具有第一时间迅速策划、集纳、甄辨、编辑和传播（包括单一传播和组合传播）的能力和水平，全媒体传播全能素养具有特殊地位和价值。

一、全能管理

传统媒体的管理者，只要能够坚持四项基本原则与党中央保持高度一致，敢于作为有所担当，理顺媒体机构的上下关系，维护好媒体传播和产业正常运营即可。在全媒体传播时代，对管理者提出了全面素养全能素养的新要求，包括全面洞悉全媒体环境变化、全媒体技术变迁、全媒体形式更迭、全媒体产业跃进，包括全媒体传播运行机制新特征以及全媒体传播生产技术流程、管理流程、反馈流程，包括深刻了解"全员"群体的新构成、新需求，还包括传统媒体与新兴媒体各个环节的有效衔接和外接业务、外包业务的服务对接等。

为了达到全能型全媒体传播管理素养高标准，全媒体管理者既要坚持正确的政治方向与党中央保持高度一致，坚定"四个意识"做好"两个维护"，还需要在时刻牢记"把关人"意识的基础上，做到传统新闻传播纪律严明性与新兴媒体传播机动灵活的有机统一，将做好党和国家的"喉舌"与新闻传播产业推广紧密融合，这样才能够做到在抓宣传、抓技术的同时抓好经营产业。

二、全能采编

全媒体传播时代，"全员"需要在海量信息铺天盖地时能够敏锐捕捉新闻题材，提前预感到哪些区域最容易突发新闻事件，哪些人物最有可能成为焦点，成为"意见领袖"，哪些事件值得做连续报道、系列报道、深度报道。

全媒体传播时期全能型采编素养，包括面对来自四面八方良莠不齐的新闻来稿（文字、图片、音视频素材）时，能够慧眼识珠挑选出最有价值、最适合在全媒体传播平台发布的新闻作品（包括有些文字段落、篇章结构不尽精彩但是值得雕琢的"璞玉"）。在全媒体信息传播活动传播者、接受者边界模糊且各方位置会瞬间更换颠覆的背景下，全媒体传播时期全能型采编有时候还要求"全员"具有"既当运动员又当教练员、裁判员"的本领，即文字撰写拿得起放得下，图片制作得心应手，音视频摄制剪辑一气呵成。一个人可以担当起文字记者、修图师、音视频摄制摄录员以及灯光舞美师等多位一体的责任义务。

三、全能后台

在全媒体传播体系中，后台管理是全部生产流程中的最后一道工序，这自然就对后台信息反馈，包括信息纠错，提出了更高的要求。全能型的全媒体传播后台素养水平，也可能会影响到全媒体新闻策划、新闻创意、新闻采编的最终效果，波及影响新闻信息纠错、广告客户反馈等。

全媒体传播后台素养，首先要求全媒体传播各个环节都要有"全媒体一盘棋"思想，明白前台（前方的新闻采编记者、出镜记者）后台（甘居幕后的后方版面编排、版式美化、广告配置、信息纠偏纠错人员等）地位一样、责任一样的基本道理，在"全员传播""全程传播""全息传播"进程中统一认识。对于后台专业技术人员，则要求具备与前方采编人员一样的新闻传播职业素养，同时还应有任劳任怨的服务意识、技术支撑意识，无条件做好技术保障工作。

第三章 技术素养

中国特色全媒体传播实践与理论研究的兴盛,其背后是环环相扣的技术支撑体系。这一支撑体系的铺就畅达,源自我国国家科技创新全域环境与科学技术整体实力。它引领着中国特色智能传播实践和理论创新的坚定信念和前行方向,创造出具有中国自主知识产权的5G通信技术、北斗卫星导航技术和超级计算机技术,支撑起中国特色智能传播无穷智慧从理想化为现实的高度自信与高效执行,进而在智能传播赋能方面尽情抒发绽放,嬗变出智能传播赋艺、赋景、赋意、赋言、赋彩、赋术的传统媒体与新兴媒体交织融会的全方位、全立体传播梦幻伊甸园。

在这样各种高新科技层出不穷并不断渗透的全员、全域、全息新闻传播背景下,新闻传播管理机构务求与时俱进,具备对技术裹挟的全媒体传播发展的职业敏感,未雨绸缪做出分析判断并制定出相应科学的政策法规及具体实施细则,这也是建构中国特色网络空间命运共同体的前提保障。全员传播每一分子的技术素养,关乎全媒体传播的内容创新、形式创新、产业创新,直接影响到全程传播体系各环节的效能效率,决定着中国文化强国、网络强国、传播强国的成败兴衰。

为应对21世纪的互联网的发展与信息爆炸,联合国提出了媒介及信息素养(media and information literacy,即MIL)理念,是一个将媒介素养、信息素养和ICT(信息通信技术)结合的融合概念,这也是在媒介素养中第一次由国际组织明确具体提出"技术素养",其要旨是在网络化社会中培养社会公众有效地寻索信息、认识媒体、解读媒体、使用媒体及创造知识的能力。依此理念,网站传播素养应重点在于培养面向未来社会发展需求及个人终身学习的能力与素养。

所谓技术素养,即全媒体传播过程中所必须具备的基本技能。具备技术素养的人掌握需要经常使用到的全媒体传播形式生成技术、全媒体内容创造与再造技术、全媒体信息传送技术、全媒体产业应用推广技术、全媒体信息反馈技术和全媒体系统管理技术等,并且能够打破传受界限、打破管理者与被管理者界限,是扮演"全员传播""全息传播"的全能角色,是能够一个人完成文字采写、图片编辑、音视频摄制摄录并播发的全网络传播的传播全才。随着全媒体传播技术不断升级换代,全球化信息高速公路逐渐建成,全媒体产业化嵌入越来越强,对全媒体管理者、全媒体传输者、全媒体接受者及全媒体互动过程中的诸方面提出了更广泛的技术素养需求,洞彻理解全媒体技术精髓,方有"道高一丈"降住"魔高一尺"的互联网意识智能传播意识,从意识深处、思维深处杜绝全媒体传播风险。

第一节　素养环境

全媒体技术素养状况,与整个社会环境文化氛围经济发展状况密切相关。身处高度文明经济发达的高科技密集应用国家,国民基本素养自然会高于经济欠发达国家和地区的民众,其对全媒体传播的新技术、新载体接触使用的机会大大增加,必然要求有高超的全媒体技术素养。因此,按照层级理论考察全媒体技术素养更加客观科学。

在整个全媒体传播技术支撑体系中,国家科技创新全域环境与科学技术整体实力属于第一圈层。智能传播实际应用始发地无一例外出现在信息通信技术、超级计算机技术、卫星导航技术等相关科技发达的国家和地区,这绝非偶发事件,而是国家科技创新氛围孕育的必然产物,是一个国家和地区整体科技力量的体现,是一代又一代科研工作者不断进取勇于突破的结果。美国最早开始了智能机器人写稿,中国最先开始尝试智能机器人广告创作,日本在智能主播"读新闻"方面也是先行先试。早在2014

年，美联社就开始与 Automated Insight 公司合作开发机器人记者业务。此后，美国彭博社、《华盛顿邮报》《纽约时报》《洛杉矶时报》和《华尔街日报》等陆续开始了应用智能机器人撰写经济新闻、体育新闻、娱乐新闻、地方新闻。2018 年 4 月，日本放送协会（NHK）开始在电视节目中使用人工智能主播"读新闻的 Yomiko"（ニュースのヨミ子）。Yomiko 播报的新闻稿件声音是技术人员获取 NHK 主播阅读新闻的录音数据，并将这些数据分解为 10 万个"音素"，最终生成的属于 Yomiko 自己的声音。Yomiko 事先被录入了全国地名、专有名词和地方口音等信息，在播报新闻的过程中可以准确描述新闻内容。中国电子商务占据着全球市场半壁江山，阿里巴巴在其始创的"双十一"购物狂欢节顺应时节推出了智能机器人广告创作，不仅解决了喷涌而出的海量横幅广告制作应接不暇的窘境，而且在全球矗立起智能广告创作的标杆旗帜，是中国特色智能传播具体实践应用的楷模典范。

一、顶层设计

中国特色全媒体传播体系的推进构建，首先得益于国家高层在百年未有之大变局时，为文化强国、网络强国、传播强国高瞻远瞩做好了顶层设计。进入 21 世纪以来特别是党的十八大以后，中国政府高屋建瓴制定创新驱动战略，通过制度引领创建出全民族积极向上奋发有为的创新氛围。习近平强调，创新始终是推动一个国家、一个民族向前发展的重要力量。实施创新驱动发展战略，就是要推动以科技创新为核心的全面创新。抓创新就是抓发展，谋创新就是谋未来。要激发调动全社会的创新激情，持续发力，加快形成以创新为主要引领和支撑的经济体系和发展模式，积极营造有利于创新的政策环境和制度环境。

在国家顶层设计指引下，我国新闻传播制度创新、技术创新、内容创新、管理创新不断发展完善。其一，从源头上解决当下和未来的网络安全问题。互联网域名根服务器是互联网最为核心的系统和最为重要的基础设施之一，是互联网通信的"中枢"，主要用来管理互联网的主目录，事关网络运行和信息安全。目前，全球13台IPv4根服务器，10台在美国（包括1台主根服务器）。为了打破根服务器困局，全力推进全球互联网多边共治，中国主导的基于全新技术架构的全球下一代互联网（IPv6，互联网协议第六版）根服务器测试和运营实验项目——"雪人计划"于2015年6月23日正式发布。在与现有IPv4根服务器体系架构充分兼容基础上，"雪人计划"于2016年在全球16个国家完成25台IPv6根服务器架设，中国部署了其中的4台，由1台主根服务器和3台辅根服务器组成，事实上形成了13台原有IPv4根加25台IPv6根的新格局，打破了中国过去没有根服务器的困境，为建立多边、民主、透明的国际互联网治理体系打下坚实基础。中国工程院院士邬贺铨认为，利用互联网名称与数字地址分配机构（ICANN）管理权变更和向IPv6过渡的机会，从根服务器组数量扩展入手，推动全球互联网管理迈向多边共治将是一个良好的开端。其二，着力建设中国自己的网络系统，在未来网络精准发力。刘韵洁院士团队等国内超一流专家携手攻关，经过十多年奋斗，已经基本建成中国独成体系的未来网络基础架构。刘韵洁院士认为，互联网的发展有其自身规律，一般以20年为一个周期，并逐渐从科研型向消费型、再向生产型过渡。第一代互联网侧重军事与科研领域应用；第二代是以万维网为代表的电子商务，主要应用于消费领域。2010年前后互联网发展开始向第三代互联网也就是未来网络过渡，进入与实体经济深度融合的发展阶段，其中，工业互联网、能源互联网、车联网等都将是下一步重点发展的领域。刘韵洁认为，未来网络的核心要义是在现有网络架构基础上建设智能的网络高速公路，并尽可能地实现智能化、柔性化与可定制化。进入未来网络阶段后，车联网、农业互联网、工业互联网等领域的需求较为确定，大众对网络差异化的要求则会越来越高，这就需要精准地提供"差异性服务"。因此，未来网络关于"建设智能网络高速公路"的理念，其实就相当于通过虚拟化技术，灵活地开通出专用车道、高速公路、高速铁路或者民用航空以及太空、外太空等不同通道,需求方可自主选择以便达成最终诉求。

二、科技实力

中国特色全媒体传播体系的推进构建及实践应用成绩斐然,源自强大有力的相关科技实力。改革开放至今40多年时间里,我国政治、经济、文化、科技、军事等方面取得了巨大发展。党的十八大以来,我国科技创新取得历史性成就,科技成果和科技地位发生了历史性变革,科技创新水平加速迈向国际第一方阵,核心技术自主创新能力明显增强,基础技术、通用技术取得重大突破,已成为具有全球影响力的科技大国。近年来,中国高铁、"神威·太湖之光"超级计算机、"天眼"射电望远镜、"墨子号"量子卫星、C919大飞机、600公里时速磁悬浮列车等"大国重器"重大科研创新成果次第出现。2020年,中国主导并全球领先的5G通信进入全面商用阶段,北斗导航系统全面建成并向全球提供服务。这一系列中国科技创新非凡征程中蕴含的宝贵精神财富,构筑起中华民族伟大复兴道路上的精神路标。

中国智能传播的发展速度与世界发达国家基本同步,中国的多种高精技术支撑构建而成的新一代信息传播系统的太空运载技术、超级计算机技术、云技术、北斗导航定位技术等,都处于第一方阵。智能传播技术单5G赋能第一场景应用的"增强带宽"片段,就展示了3D裸眼技术、AR/VR技术、4K电视、8K电视等交织错综的复杂技术。智能传播技术支撑体系不仅技术应用比重和权重远远超过了传统报纸、杂志、广播、电视传播和一般概念的互联网传播内在体系,还展现了中国主导的5G技术、超级计算机技术和北斗导航技术的国际领先地位。在智能传播技术支撑体系的关键技术中,中国主导的5G通信技术、中国自主创新的北斗导航技术、中国重大战略布局的人工智能技术以及曾经多年位居世界第一的超级计算机技术,证明了中国的整体核心技术实力有了大幅提升。

三、基础设施

全媒体传播是报纸、杂志、广播、电视等传统媒体及电信媒体与人工智能技术叠合加持的升级换代。与全媒体传播高度关联的基础设施，大致包括报纸杂志传播系统、广播电视网络系统、电信通信系统、互联网系统以及相关的接收终端，联合形成了全世界最发达的全媒体传播基础设施网络体系。

中国广播电视"村村通"工程实施以来，全国已基本消除广播电视覆盖盲区，解决了广大农村群众听广播难、看电视难的问题。随着经济社会发展和科学技术水平的提高，广播电视服务供给、服务能力和服务手段还不能满足人民群众日益增长的精神文化需求，迫切需要广播电视"村村通"向"户户通"升级，由模拟信号覆盖向数字化清晰接收升级，由传统视听服务向多层次、多方式、多业态服务升级。2016年4月，国务院办公厅印发《关于加快推进中国广播电视村村通向户户通升级工作的通知》，工作目标是统筹无线、有线、卫星三种技术覆盖方式，到2020年，基本实现数字广播电视户户通，形成覆盖城乡、便捷高效、功能完备、服务到户的新型广播电视覆盖服务体系。地面无线广播电视基本实现数字化，有线广播电视网络基本实现数字化、双向化、智能化，全国有线网络整合取得明显成效，实现互联互通，直播卫星公共服务基本覆盖有线网络未通达的农村地区；广播电视基本公共服务达到国家指导标准，市场服务效能进一步提高，基础设施保障能力全面提升。

中国广播电视"村村通"建设和中国电信通信"村村通"建设，为全媒体时代融入智能传播技术积累了丰硕的基础设施资源。与中国广播电视"村村通""户户通"和中国电信通信"村村通""户户通"相适应的是，中国广播电视接收装置足以保证全国城市乡村每一户居民接收到中央到地方四级广播电视节目。中国积极推进建设的网络空间命运共同体深入人心，中国网民规模超过9亿，互联网普及率达65%，中国智能手机用户达

9亿之众，成为全媒体系统之全员传播的强大信息创造群体、信息再造群体、信息接受群体。

第二节 电报电话素养

在大众传播活动中，从1848年全球首家通讯社——哈瓦斯通讯社在巴黎与布鲁塞尔间使用电报传送信息，到1877年第一份由电话传收的新闻电讯稿被送达波士顿《世界报》，一直到后来各大通讯社、报纸杂志社和广播电视台纷纷使用传真机作为异地的文字传输工具，电报、电话、传真等电信通信在信息传输中一直充当着重要角色。早期的电信传播，是报纸、杂志、广播、电视获取远距离信息的重要通道，是抢占第一落点和独家新闻不可或缺的技术装备，是实施现场报道、即时报道的首选武器。大众传播机构的品牌形象以及新闻采编范围与传输效率，很大程度与机构内拥有电信设施的数量多寡、电信设施的先进性以及编采人员及时、准确和有效地使用有着直接关系。

电报电话技术在很长时间里，一直默默无闻充当着大众传播的辅助工具，最早更多的是人际传播。在电报传播业已消逝的情况下，电话传播的传播形式与传播地位正在发生着质的飞跃，从固定电话到移动电话，从单纯的语音通话到语音、文字、图片、动画等无所不能。电话连线在广播电视节目中依然占据着重要位置。从达官贵人的奢侈品到步入寻常百姓家，从人对人、点对点传播发展到点对点、点对多、多对点以及多点群动、跨地域的全球联动等，电话传播逐渐从幕后步入台前成为电信传播重要成员，已然是新传播技术的集中展示，是各种新媒体传播的核心骨干，是未来传播承上启下的枢纽通道。

作为最早使用的电信通信方法，电报在通信与交通不发达历史阶段作为大家常用的通信工具而风靡全球。当时人们的电报传播素养主要体现在电报的文字信息传输，包括电报码的编写与翻译、电报填写的格式和写作要求等方面。

一、发展状况

全球电话传播技术的发展,从主体上来说经历了固定电话、移动电话、海事卫星电话等几次大的飞跃,中间"客串"过寻呼机、小灵通等电话设备。固定电话在现代是重要的通信手段之一,通过声波的振动利用话机内的话筒调制电话线路上的电流电压,也就是将声波转换为电压信号通过电话线传送到另外一端电话,再利用送话器将电压信号转换为声音信号。因为通常固定在一个位置,所以学术名称为"固定电话",也就是平常说的电话座机。电话发明至今,从工作原理到外形设计都有不小的变化,从最初的手持电话、磁力发电机壁式电话到交流发电振铃电话、自动拨号电话、按钮拨号电话,再到现在的智能电话机,经历了200多年的历史发展。电话发明后的几十年里,围绕着电话的经营、技术等问题,被申请大量的专利,史端乔的"自动拨号系统"减少了人工接线带来的种种问题,干电池的应用缩小了电话的体积,装载线圈的应用减少了长距离传输的信号损失,同时也对电话传播素养提出了各个时期的不同要求。1915年1月25日,随着第一条跨区电话线在纽约和旧金山之间的开通及海底电话光缆的铺就,跨区域语言、跨文化语言、跨语种语言就成为电话传播素养新内容。

随着移动电信技术的发展,无线电话、手机等移动终端的发展势头迅猛,寻呼机、小灵通等电信设备的发明与使用,是我国移动电话发展黄金时期到来前的过渡阶段。进入二十一世纪后,在全球范围内流行的所谓的第二代手机(2G),除了可以进行语音通信以外,还可以收发短信(短消息、SMS)、MMS(彩信、多媒体短信)、无线应用协议(WAP)等。通过3G/4G/5G等移动通信网络,移动电话还可实现无线网络接入,可以方便地实现服务个人信息管理及查阅股票、新闻、天气、交通、商品信息,应用程序下载,音乐、图片下载等功能。

从第一部电话的诞生，电信技术革命与设施更新不断发展变化，而人类沟通交流与资讯流通的时空局限也不断地被打破，而相应地，电话传播素养的内涵与外延不断发展变化，从最初的保护受众范式、选择批判范式发展到今天的媒介参与范式。电话传播素养最初主要包括打电话的时间地点、用语措辞、语音语调等礼仪及个人文化修养。随着电话传播出现了电话推销、盗号、诈骗等乱象，电话传播素养开始强调对社会公众个人信息与隐私的保护，强调社会公众对电话传播内容选择和辨别的分析范式教育。新时期的电话传播素养的培育关键是引导受众对电信传播内容及产品进行明智的选择，提高信息分辨力，以辨别媒介内容、品质和品位，并根据自身的需要进行选择。当前，电话传播进入移动电信传播时代，智能电话传播技术手段及产品使传统的语音传播升格为语音、文字、图表、动画等多维的大数据传播，社会公众在全媒体传播生产中的参与性越来越强，对信息文本生产的影响增大，传统的受众开始参与设计建构媒体。因此，电话传播素养的内涵进一步发展，囊括创造、解读和传播媒介文本的能力。电话传播素养要求强调社会公众在使用和参与实践中培养使用的技能或知识，在不断变化的传播环境中不断更新、建立比较完备的知识结构，并对电话信息生产传播的全过程有良好的认知能力和思辨能力。

二、适机素养

电话传播素养一直被认为是现代社会公民的一项基本礼仪与修为，它不仅包括个体的语音、语调、语气，还包括表达方式、交际礼仪、沟通技巧以及个人的综合素质。选择适当的时机打电话即适机素养很重要。

1. 打电话应注意的礼仪

一是通话时间要合时宜，不要在他人的休息时间打电话。如不要在每日上午7点之前，晚上10点之后以及午休的时间打电话，也不要在用餐之时打电话。打公务电话，尽量不要占用他人的私人时间，尤其是节假日时间。二是通话时间的长度要控制好。以短为佳，宁短勿长，一般不要超过

3分钟。三是通话内容要简明扼要，长话短说，直言主题，切勿讲空话、说废话、无话找话和短话长说。四是通话语言要文明。通话之初要向受话方首先恭恭敬敬地问一声"您好"再言其他。终止通话预备放下话筒时，必须先说一声"再见"。五是通话时态度语词要文明。打听电话时，首先应问候并自报家门。通话时，"您好""谢谢""请""麻烦""劳驾"之类的谦辞该用一定要用。若拨错了电话号码，一定要对听者表示歉意，不要一言不发，挂断了事。六是在举止方面。不要把话筒夹在脖子下，不要趴着仰着坐在桌角上打电话，不要高架双腿在桌子上打电话。拨号时不要以笔代手，通话时不要嗓门过高，终止通话放下话筒时，应轻放。

2. 接电话要注意的礼仪

接听电话一是要接听及时，一般以铃响三次拿起话筒为宜，接电话时语言亲切自然。二是接电话时，应自报家门，并首先向对方问好。通话时，应聚精会神地接听电话，通话终止时要向对方道一声"再见"。三是主次分明。接电话时不要与旁边人交谈、看文件或者看电视、听广播、吃东西，如在会晤客人或举行会议期间有人打来电话，可向其说明原因表示歉意，如"对不起，我正在开一个很重要的会议，会议结束后，我与你联系"。

3. 要找的人不在时的处理方式

如果你要找的人恰巧不在，你可以有几种应对方式。一是直接结束通话。在事情不是很紧急，且自己还有其他的联系方式的情况下，可以直接用"对不起，打扰了，再见"这样的话结束通话。二是请教对方联系的时间或其他可能联系的方式。通常在比较紧急的情况下采用，具体的做法是："请问我什么时候再打比较合适？"或"我有紧急的事情，要找××，不知道有没有其他的联系方式？"不管对方是否为你提供了其他的联系方式，都应该礼貌地说"谢谢，再见"。三是请求留言。若要找的人不在，或恰巧不能听电话，最好是用礼貌的方式请求对方转告。留言时，要说清楚自己的姓名、单位名称、电话号码、回电时间、转告的内容等。在对方记录下这些内容后，千万不要忘记问"对不起，请问您怎么称呼"，对方告知后要用笔记录下来，以备查找。

4. 代接电话时应注意的礼仪

在为他人代接、代转电话的时候，也要注意以礼相待，尊重隐私，记忆准确，传达及时。一是以礼相待。在接电话时，对方所找的人不是自己，应友好地问："对不起，他不在，需要我转告什么吗?"二是尊重隐私。代接电话时，不要询问对方与其所找之人的关系。当对方有求于己，希望转达某事给某人时，要守口如瓶，千万不要随便扩散。别人通话时，不要旁听，更不要插嘴。三是记忆准确。代接电话时，对方要求转达的具体内容，要记录得正确无误，免得误事。四是传达及时。代人接电话，首先弄清找谁。如果答应对方代为传话，要尽快落实，不要轻易把自己转达的内容托他人转告，这样不仅容易使内容走样，而且有可能会耽误时间。

三、适地素养

打电话的适地素养，重点关注的是在与不同对象打电话时的地点取舍以及在不同地点打电话时的点滴讲究。随着电话传播由有线电话时代向无线移动电话时代转变，其传播的方式与内容也日益多元。因此，当前电话传播素养除了以上基本的礼仪要求外，还应重视公共礼仪以及电话传播信息的获取、分析、评价与再传播的基本能力与素养。

由于无线电话和智能移动手机的便携性、使用的灵活性，不受时空的限制。因此，在公共场合打电话（手机）时，应注意把握好电话传播适地素养。一是手机铃声尽量调到振动或静音状态，不要制造噪音影响到他人以及公共秩序。二是在公共场合下，不要大声喧哗，在公交车、地铁上打电话时，要尽量轻声细语，以免妨碍他人。三是不要长时间使用手机上网阅读，以免引起视力下降。四是不要走路时打电话或发短信分散注意力，避免交通安全事故，降低跌倒、摔伤、掉落河湖等意外伤害。

四、屏蔽素养

随着智能移动手机的快速发展，手机电信业务的日益丰富，传播内容良莠不齐，一些不良短信、推销传销以及诈骗电话，使得手机应用者不仅要有良好的信息获取与话语传播的认知能力，同时也要具有很强的信息选择、理解、质疑的评价思辨能力。

屏蔽素养涵盖几种主要内容：一是对于移动电话垃圾短信、电话诈骗、电话恐吓等不良电话（手机）传播，以及手机智能业务中产生的手机病毒、手机盗号、流氓付费 App 等信息安全问题，要具备"避而远之"的甄别能力免疫能力。二是在电子邮件、布告栏/BBS、博客/微博、QQ 群、微信群里设置技术屏障，将各种有害信息拒之门外。三是加强防范意识，对不良信息、陌生电话要有一定的辨别能力，接到诈骗电话要能有效地识别不上当并及时报案。四是设置移动电话层层密码并经常备份手机内的各种信息，在有效地保护个人信息之时，防止手机丢失、手机升级系统或者其他特殊情况的时候，导致数据丢失。五是手机不随意安装来路不明的"弹窗软件"，防止手机病毒、钓鱼网站、吸金 App 等不良软件的自动捆绑下载，定期清理手机软件与内存，删除不必要的软件与内容。六是不随意使用手机智能平台，即时关闭手机 WiFi、GPS、北斗导航等功能，不随意扫描二维码。

第三节 电信传播素养

一、电子邮件素养

电子邮件是一种用电子手段传递书信类信息的通信方式，是互联网传播中应用较广的服务项目。通过网络的电子邮件系统，用户可以以非常快速的方式，与世界上任何一个角落的网络用户取得联系。电子邮件的使用，不仅可以像传统书信信函一样在其正文栏里写信，而且可以添加如文本、图片、音频、视频、压缩文件等一定容量的若干个附件。电子邮件传播比普通信函能更全面、更有效地表达心愿和传递信息，为工作、学习和生活带来极大的方便。电子邮件是传统书信或传真等通信方式在网络媒体时代的延伸，随处可见传统书信信函的印记。电子邮件的"信封"可以看作"发信人的名称或邮件地址"和"邮件的主题"，发信者要"说"的话则标注在邮件的正文栏，所携带的文件则放在附件栏里，电子邮件的正文部分和附件部分就相当于传统书信的内容。

电子邮件传播素养是一种对信息社会的适应能力。发送电子邮件首先应注意提供明确主题（即邮件抬头要清楚）。当人们查阅电子邮箱时，按照习惯往往会通过来信者的电子邮件名称或地址识别信的来源，根据主题栏的名称判定邮件的大致内容。对于一些不熟悉且主题不明确的邮件，多数人的做法是直接将其删除，还有些电子邮件服务商或电邮软件会自动屏蔽或者转到回收站。据统计，现在应用的电子邮件中有80%的邮件主题命名不恰当，主要表现有无主题、随意用字母表示的主题以及主题的信息泛化等。在发送电子邮件时还应注意附件的命名。统计发现，大约有30%的来信中附件名称过于随意，主要表现为阿拉伯数字、英文字母随意性和泛化中文名称等。在编辑电子邮件时，要注意规范行文的问题。电子邮件的正文栏，往往包括传统信函中的抬头称呼、礼节上的问候、对自己的介绍以及事情的简要说明等部分内容，体现了邮件收发人的个人礼节与素养。有些使用者甚至没有意识到要写抬头的称呼、结尾的祝愿、签名及日期等。

电子邮件传播素养排第一位的是懂得邮件群发的技术差异。不同类型的邮件必须采用不同类型的发送方式，全力避免在求职邮件、求学邮件中群发信息，或者使用"密抄""密送"等群发方式，以技术手段消除一稿多投、一信多发的痕迹，以体现电子邮件传播的诚心诚意。第二是充分利用电子邮件这一工具的特性，确保信息的有效表达及加工传送，具体反映在主题名称的构思意识、附件名称及技术（如压缩技术）处理意识和正文栏的语言表达意识。第三是信息的表达与交流要规范，要能够选择准确的、全面的、规范的、合适的电子邮件信息传播方式方法，使经过加工了的信息与信息传送者想表达的含义相一致。第四是电子邮件的书写务必规范要求，电子邮件的主题、称呼问候、内容和附件四个主要部分完整清晰，其中主题是接收者了解邮件的第一信息，要提纲挈领，需要使用有意义有价值的主题词，让收件人迅速了解邮件内容并判断其重要性。

二、网站传播素养

现在网站已经逐渐成为社会公众接收新闻信息的重点途径与方式，网站传播素养日益重要。网站传播素养主要涉及网站管理（建站）技术素养、网站浏览技术素养、网站内容提供技术素养以及网站公共空间互动联动技术素养等，这些素养重重叠叠交织缠绕相互影响，是一种综合立体的技术思维意识和技术实践操作能力。

网站建站技术素养包括申请域名素养、申请虚拟主机素养、制作网页素养和网站宣传推广等。申请域名最好用 COM，没有的话就 CN 和 NET，申请虚拟主机以为 100M—1000M 容量为宜并以虚拟双线主机为主。制作网站网页的软件主要有 Adobe Dreamweaver、Frontpage、NiceBox 等，这些软件包含了上千套精美网站模板、上百种网站功能，网站同时支持简体中文版、繁体中文版、英文版，带产品发布系统、新闻系统、会员系统、投票系统、广告系统、招聘系统等动态功能模块，页面可随意增加。

网站编辑的基本媒体素养，指专职编辑/兼职编辑慧眼识珠以新闻传播专业角度从浩如烟海的数字信息中检索、分离、集成有用的信息，满足受众上网获得"信息之上的信息"需求。鉴于网站信息的表现方式主要由文字、图片、音频、视频构成，网络编辑必须具备文字编辑素养、图片编辑素养和音视频编辑素养等。全媒体时代的网站传播素养，最好是能够集各种意识、各种能力于一身，一个人能够扮演多个角色，处理好多种复杂问题。在网络直播带货日益频繁、网络直播弹幕日益活跃之时，网站传播素养还会涉及画面实时切换、"泥沙俱下"时的实时屏蔽以及后台管理的全面技术联动支撑等。

三、即时通信传播素养

即时通信（instant messaging，简称 IM）是一个终端服务，允许两人或多人使用网络即时地传递文字讯息、档案、语音与视频交流，目前我国最流行的有 QQ、博客/微博和微信等。

网络时代呼啸而来，新兴媒体蜂拥而至，新闻传媒格局重组，信息传播门槛空前降低，无数人从原先对大众传媒的"神秘莫测""可望不可即"的感觉中急速地摆脱出来，一头扎进社交媒体之中玩起自媒体来，被从天而降的"草根记者""全民记者"的光环刺激得眼花缭乱，对获得前所未有的"传播权""话语权""参与权"亢奋不已，自以为网络、博客、微博、微信之类就可以这么轻易地摆弄、轻松地白相，"麦克风"就在自己手里，爱怎么吼就怎么吼，尽情地自由地"卡拉OK"，在微信朋友圈的"熟人社会"里更是肆无忌惮。殊不知，所谓的社交媒体其实并非仅仅是个人间的交际渠道，"自媒体"绝非"自留地"，而是"公共广场""信息集散地"，一旦有信息发出，其流传、扩散、裂变的速度之快、之广，既难以预料不可想象，也非一己之力所能左右的。不少"自媒体人"低估了自己握着的"麦克风"的"音量"，同时也误以为"自媒体"的功能仅仅是自娱自乐，乃"法外之地"，现实社会里的法律管不住这"虚拟世界"的"自由"，于是随心所欲地编造"信息"，无中生有地杜撰"新闻"。轻击鼠标或晃动手指便在即时通信空间信手转发虚假信息，俨然成为一些人的生活常态、个人行为的习惯，他们不以造谣传谣为耻，反以"先声夺人"或"耸人听闻"为乐，导致信息芜杂真伪难辨，网络混浊乱象丛生。即时通信利用人际关系延伸到虚拟世界，对有关用户进行有意识的品牌营销或电子商务推广，使大多数用户无意中成为即时通信经济链中的牺牲品。

即时通信传播素养，其一是要具有紧随时代节奏，融入技术创新、产业创新、管理创新的时代洪流，时刻关注日新月异的即时通信传播品类增删，时刻关注各种不同类型的即时通信传播应用人群、应用时机、应用效果，不断更新即时通信传播知识，增加相关知识储备，塑造理解即时通信传播、融会贯通即时通信传播的精神气质，一些故步自封、不关心不参与即时通信传播，远离即时通信传播的人就会慢慢被全媒体信息社会不由自主做成"信息茧房"。其二是保持高度政治警觉，即保持即时通信传播政治素养与技术素养的一致性、一惯性，提前预判技术创新裹挟而来的即时通信带给国际国内全媒体传播环境的变化，以技术管理贯穿到政策法规制定的精细条款之中，强化技术管理细则与即时通信传播"碎片化传播""精细化传播""秒瞬时传播"的紧密联系。其三是在即时通信软件下载安装、即时通信传播应用过程中，时刻保持高度警惕性，即时通信传播群中"潜水""发帖""吐槽""点评""打赏"等，都要三思而后行，不可乘兴而来随意乱发，避免有意无意间"与虎谋皮""为虎作伥"。其四是在全媒体传播体系中对即时通信传播顺序的基本考量要因时因地而调整，深刻了解什么时候应用哪一项即时通信传播工具，哪些场合适合使用哪些即时通信传播手段，从而达成事半功倍的传播效果。其五是即时通信传播要遵循"建群法则"，对于群内的各种"人员异动""信息异动""互动异动"要明察秋毫。

第四节　智能媒体素养

人工智能与新闻传播的应用结合，已经成为新闻传播机构的追逐目标，逐渐形成一股智能传播新风气。智能传播集中了原始传播、口语传播、文字传播、印刷传播和电子传播等全部精华，又是人工智能技术在新闻传播领域的渗透延伸。智能传播是每一项传播进阶的传承阶梯，又是下一项传播进阶的起点与奠基,一直连接到"未来传播",并按照各种传播渠道终端的差异、传播受众的不同需求进行"智化""异化"和"组合化",将"人工智能+现代传播"合而为一所产生叠加效应的独有传播功能与传播特色发扬光大。智能传播是世界新闻传播理论宝库的拓荒性前沿成果,是"人工智能+现代传播"的有机组合,进而逐渐取代传统新闻传播,是传统新闻传播观念的更新换代与深化升华,是中国新闻传播人兼收并蓄海纳百川,丰富与创建新时代中国特色新闻传播理论的使命担当。智能传播在给新闻传播产业带来爆发式增长的同时,也让多年一贯制的新闻传播人才"洗心革面除旧布新",这就自然对智能媒体素养提出了新的要求。

一、发展背景

由机器人记者自动生成的新闻报道,已经成为路透社、美联社等全球主要通讯社的常态产品,也是我国中央级媒体的优先发展战略。随着智能化程度的逐年提高,音视频文字转换智能技术也开始被应用到一些欧美国家媒体中。智能机器人的出现,为遏制虚假新闻提供了重要的武器。

2015年5月,美联社与其投资方Automated Insights(AI)科技公司合作,开发了一款名叫WordSmith的软件撰写财报新闻,工作效率从每季度写出400篇财报提升到近4 000篇。我国国内也有不少媒体在探索和布局机器人写作,腾讯、新华社、今日头条和第一财经等媒体时尚先驱抢先试水。2015年9月份,腾讯推出了新闻写作机器人Dreamwriter,这是由腾讯财经开发的一款自动写作新闻软件,根据算法在第一时间自动生成稿件,瞬时输出分析和研判,一分钟内将重要资讯和解读送达用户。2015年11月,新华社迎来了"新员工"——写稿机器人"快笔小新",可以撰写体育赛事中英文稿件和财经信息稿件。在2016年巴西里约奥运会上,一款由今日头条媒体实验室与北京大学计算机所共同研制的写稿模块"张小明"大出风头,在奥运会开始后的13天内,共撰写了457篇关于羽毛球、乒乓球、网球的简讯和赛事报道。2017年12月26日,中国第一个媒体人工智能平台"媒体大脑"由新华社正式发布上线,提供8个模块的服务内容,覆盖从线索、策划、采访、生产、分发、反馈等全新闻链路。智能媒体生产平台通过摄像头、传感器、无人机、行车记录仪等智能采集设备,结合新闻发生地附近的多维数据,实时检测新闻事件,智能生成数据新闻和富媒体资讯内容等新闻线索和新闻素材提供给媒体和记者。专业级录音应用"采蜜"实现了将录音内容自动转写为文字的功能,适用于采访、会议等多类场景,并无缝衔接移动端和PC端,显著提高了记者的工作效率和内容生产力。基于新华智云的大数据能力,用户画像功能可以为媒体提供读者阅读习惯、位置变化、行为偏好等更详细、精确的信息。智能分发系统则依托国内一流的新闻分发渠道,通过大数据在智能硬件等设备上,为读者精准推送新闻资讯。新华社抓住人工智能与新闻传播行业深度融合的契机,稳步推进这一新型业务,成为我国"国字号"媒体机构新时期转型升级的重要抓手。在2017年"阿尔法围棋"(AaphaGo)与柯洁进行的围棋人机大战中,新华社在世界各大媒体机构中率先建立由AI驱动的新闻全链条生产,在人机协作的研发和运用上走在了欧美同行的前面,获得了国际国内各方面的肯定。

近几年来,为遏制海量信息中虚假新闻的泛滥,中国、美国、英国等媒体机构都开发出了新的工具来帮助新闻事实的核查。新华社"媒体大脑"的人脸核查功能,为新闻的真实性保驾护航。基于精准的人脸识别系统,可以在海量的图片、视频素材中确认特定人物,大大减轻事实核查环节的工作量,在源头上防止虚假新闻出现。版权监测功能是新华社"媒体大脑"为原创者开辟的一道护城河,各类原创内容都纳入"媒体大脑"的保护下。通过对全网近300万个站点的监控,各类内容侵权行为无所遁形,抄袭、洗稿等乱象将受到有效遏制。①

2017年9月,美国苹果公司为了保护用户隐私,在其Safari浏览器上

---

① 吴晋娜. 国内首个媒体人工智能平台上线抄袭洗稿将无所遁形[EB/OL]. (2017-12-26)[2018-01-02]. http://www.cien.com.cn/2017/1226/3982.shtml.

推出了智能防追踪功能，该功能限制利用cookie来追踪用户的浏览历史。受此举影响最大的当属广告科技公司，这些公司大量使用cookie，通过将在线广告与最可能点击这些广告的用户相匹配，实现广告价值的最大化。美国德克萨斯大学阿灵顿大学的一个团队一直在改进ClaimBuster，从电视节目和议会辩论中辨认相关信息和证据的真伪。在英国，事实核查机构Full Fact开发了追踪各类政治声明的工具。杜克大学也开发出了Share the Fact的小部件，帮助搜索引擎查找事实检查文章。同时，它还建立了一个Chrome浏览器扩展程序，在诸如总统辩论这样的新闻现场，提供即时的弹幕事实检查。作为虚假新闻的重灾区，脸书也宣布开发一款事实核查类App，以遏制虚假新闻蔓延的势头。在事实核查工具日渐成熟的当下，2017年成为事实检查工具开发的关键年份。①

二、赋能素养

中国领先的5G技术赋能成就了智能传播，这是人类智慧与科学技术在新闻传播领域的应用，是技术进步与传播市场需求碰撞出的火花，是新闻传播内容生产技术、新闻产品分拣分送技术、音视频文字转换技术、新闻素材（虚假新闻）甄辨技术"把关"技术等的革命性飞跃。智能传播率先应用机器人写稿模块，大大提高了新闻写作效率，把更多传统新闻采访记者从繁杂繁重的重复性体力劳动中彻底解放出来，使之有时间和精力投入到新闻策划、新闻评论、深度报道、产业布局谋划和产业营销与推广等人脑擅长的领域，这是新时期新闻传播生产模式、产业模式和管理模式的彻底颠覆。②

随着5G通信技术已经在全球陆续开始进入商用阶段，智慧赋能得到

---

① 史安斌，王沛楠，张耀钟. 2017年全球新闻传播新趋势[J]. 国际传播，2017(4)：1-11.

② 谭铁牛，曾静平. 智能传播的现实应用、理论溯源与未来构想[J]. 浙江传媒学院学报，2018，25（2）：2-8.

广泛应用和推广，以"赋景""赋意""赋言""赋彩"等形式渗透到电视艺术领域，滋长出智能艺术、场景艺术、创意艺术、再创造艺术等"赋艺""赋术"。可见，中国电视艺术正从"富艺""富术"迈向"赋艺""赋术"，并逐渐形成"富艺""富术"与"赋艺""赋术"叠映交合。5G时代的中国电视艺术"赋能"效果初现，现代科技之"技艺"与电视传播之"术学"在此间交织叠撞，将电视艺术、电视艺术理论推向更高层级。随着移动互联网技术与人工智能技术在电视领域实践叠加，电视"赋景艺术"、电视"赋意艺术"、电视"赋言艺术"、电视"赋彩艺术"等"电视赋艺""电视赋术"层出不穷，与兴旺发达的物联网艺术、车联网艺术、空联网艺术交映生辉，组构出一幅壮丽绚烂的赋能电视艺术画卷。这一时代特色鲜明的智慧赋能电视艺术画卷，见证了从元G技术推演到5G技术电视艺术发展嬗变，改变并丰富了既往艺术起源于巫术说、游戏说、劳动说、仿生学、传播学、心理学和艺术学等传统学说，有光缆传输和计算创作的合篇，有人脑创意观念驱使与艺术创作机器的合谋共体。这就亟需相关人员打破传统苑囿，适时增强智能传播素养养分。智慧赋能"变脸"出十全十美的智能主持人，艺术形象焕然一新，艺术表现无可挑剔，但如何根据当下的现实情况适时适景适地导入智能传播应用，就是一个迫在眉睫的智能传播素养新考验。此外，智慧赋能滋生出的以一敌百的智能记者、智能编辑，智慧赋能演化出的人畜无害、无污染、无实物道具的智能舞台、智能灯幕，智慧赋能变幻出瞬息万变的智能广告，以及"5G+4K""5G+8K"等电视艺术饕餮盛宴的纷至沓来，都需要新时期智能传播人紧紧跟上"赋能"节拍。①

三、伦理素养

在全媒体传播时代，传统新闻传播的环境业态功能依旧存在，新兴媒

---

① 曾静平. 中国电视艺术：从2G到5G [J]. 中国电视，2020（1）：72-76.

体的经济功能娱乐功能较之传统大众媒体有过之无不及。智能媒体颠覆了沿袭多年的新闻传播创意思维,构建出全新景象。全媒体传播生态发生了乾坤颠倒惊世骇俗的变化,"电视人"和"容器人"依旧存在,新一代"网络人"正在庞大起来,"QQ人""微信人"现象值得传播学者和伦理学者、社会学者好好使用未来学视角,提炼总结全媒体浸润时期的社会文化伦理道德现象,提升智能传播素养水平。如果说"电视人"是典型的"沙发土豆",那么"网络人"则是鲜蹦活跳的"键盘虾米","QQ人"无疑是行踪飘忽的"蛐蛐幻影"。

"电视人"和"容器人"是大众传播环境中的衍生物,该概念强调电视等大众传播媒介对个人社会化和人格形成过程的影响。"电视人"指的是伴随着电视的普及而诞生和成长的一代,他们在电视画面和电视音响的感官刺激环境中长大,在收看电视时往往是在背靠沙发或倚靠床头,拿着摇控器,蜷在沙发上,吃着土豆片,目不转睛跟着电视节目转的人,跟着荧屏的狭小画面摇头晃脑沉湎其中,像一枚土豆在沙发中晃来晃去的"沙发土豆"。"容器人"是指在大众传播,特别是以电视为主的媒介环境中成长起来的现代人类,孤立的、封闭的内心世界类似于一种"罐装"的容器。为了摆脱孤独状态,"容器人"希望与他人接触,但只是停留在容器外壁的蜻蜓点水,而不愿意深入彼此的内心世界,逐渐养成了静闭、内向、以自我为中心的性格,漠视社会发展变化,社会责任感弱化。"网络人""QQ人"与"电视人""容器人"共存于全媒体传播系统,都对当前的媒介形式存在很强的依赖感,精神交流主要依靠全媒体传播来实现,表现出网络成瘾、双重身份、人际关系障碍、性格异化、迷失自我、道德失范,急需要通过社会关心、群体关注和专业素养教育结合自我素养修炼共同发力。①

---

① 曾静平. 电信传播的未来发展演进趋势畅想 [J]. 人民论坛·学术前沿, 2017 (12) 1: 58-65.

第四章 道德素养

5G赋能的数字化、智慧化、智能化嵌入叠加的全媒体传播技术，在社会、经济、文化、生活等各领域释放出无限能量，衍生出众多难以料想的新生事物、新生人物和新生现象。与人类智慧相比，5G技术与人工智能容易受到技术条件、气候条件、地理环境条件等外部因素约束和限制，抵抗各式各样自然干扰的能力较差，甚至可能犯下难以想象的错误。在智能传播领域，智能机器人写作与传统记者、编辑的矛盾，虚拟主播以假乱真，5G三大应用场景虚幻绚烂，全媒体摄像摄影无孔不入，全媒体纠错"忙中出错""将错就错"，全媒体无人机黑飞乱飞，全媒体传播管理"反客为主"，种种由此产生的全媒体传播乱象随时可能发生，5G网络与智能技术武装下的恐怖主义黑客攻击等问题日益尖锐。由这些新技术加持的全媒体传播带来的新现象、新人物、新事物的出现，不断模糊物理世界、现实世界和虚拟世界的概念边界，模糊群体和个人、男人和女人、老年和青年、亲人与陌生人、城市人和乡村人、同族与异族之间的传统界限，不断刷新人们的认知观念、思维观念、价值观和人生观，改变有时甚至颠覆既有的工作关系、上下级关系、尊卑长幼关系等社会关系，进而引发出一系列复杂的全媒体传播社会问题和道德问题，全媒体传播道德素养变得愈发重要起来。

全媒体传播发展战略顶层设计，一方面离不开传媒技术高端形态的发展，另一方面更应该包括精神领域主流价值观的熔铸，即全媒体传播伦理道德素养的提高。全媒体传播的最重要价值在于依靠技术升级让传统媒介更好地融进人际传播、融入新兴媒体传播，借助新型传播技术不断创新社会主义核心价值观的传播路径和方式方法，从而更好地强化真善美认知文化创新，更好地发挥社会主流文化的传播导向作用，为主流价值观的传播提供强大支撑。引领社会前行的主流价值观、当好社会舆论引导者，始终是全媒体传播不可推卸的责任，更是全媒体防范各种风险的安全屏障。

第一节　基本概念

伦理道德是什么？道德素养在全媒体传播体系建设中充当什么角色？全媒体传播道德素养怎么样发展建设？都是备受关注的重要命题。

一、伦理道德

亚里士多德把伦理道德界定为反映和调节人们之间利益关系的价值观念和行为规范的总和，包括源于文化传统的社会正当精神权利、责任和行为模式。在古代中国，伦理内涵有天、地、君、亲、师五天伦和君臣、父子、兄弟、夫妻、朋友五人伦。在当下，伦理包括信息伦理、技术伦理、媒介文化传播伦理等方面。伦理有基于个人心性和人格层面的美德伦理、基于社会实践和交往层面的规范伦理和基于人类终极关怀的理想或信仰伦理等三个层次，三个伦理层次由小至大，从个人到社会再到终极关怀，最终形成一个完整的伦理框架。伦理与道德互为包含，但伦理内涵和范围更丰富、更宽泛。

当代伦理概念蕴含着西方文化的理性、科学、公共意志等属性，而道德概念蕴含着更多的东方文化的性情、人文、个人修养等色彩。伦理道德"西学东渐"以来，中西"伦理"与"道德"概念经过碰撞、竞争和融合，两者范畴日益清晰，即伦理是伦理学中的一级概念，而道德是伦理概念下的二级概念，二者不能相互替代，它们有着各自的概念范畴和使用区域。

二、道德素养

全媒体道德素养是指人与人、人与全媒体以及政府、社会、企业与全媒体之间，基于数字化、智慧化、智能化全媒体技术从事各项活动应遵循或养成的道德规范、行为准则和道德意识。2019年，欧盟启动全媒体伦理准则的试行阶段，邀请工商企业、研究机构和政府机构对该准则进行评价与检验。根据欧盟官方解释，"可信赖的数字化、智慧化、智能化全媒体"，一是应尊重基本人权、规章制度、核心原则及价值观，二是应在技术上安全可靠，避免因技术不足而造成无意的伤害，前者即是从"人权""核心原则""价值观"等对全媒体传播道德素养的密切关注。

全媒体传播的基本特性，决定了智能化全程、全员、全能、全效传播具有道德属性。无论是传播的内容还是传播的过程，将深受社会伦理、道德、规范制约，同时全媒体传播作为新型传播媒介，引发很多新的伦理问题，是以往传播伦理无从涉及甚至不可思议的。世界各国由于民族历史和文化心理的不同，对待社会问题的认识和理解存在偏差，全媒体传播将使文化霸权、文化认同危机、信息传播失衡、种族主义偏见等诸多传播伦理失范与处于困境的斗争现象更加激烈、更加突出。在高度全媒体传播化的社会中，媒介成为生产关系的连接者，数据成为新的生产资料，全媒体成为新的生产力，因此这种影响不是简单的技术叠加和变革，而是生产力、生产关系和生产资料的重大调整，一切颠覆性技术变革正式开始，整个社会结构都焕然一新。由此，世界将呈现出与农业社会、工业社会和信息社会前期完全不同的运行法则、动力机制和行为规范，从而给上层建筑、大国关系、全球格局和人类命运都带来极其深远的影响。同时，全媒体传播赋予专家或传播者权力过大，威胁自由和平等，在极端情况下可能导致技术专家、传播者和机器联盟形成数据乌托邦。各种用于传播的服务机器人、辅助机器人、写稿机器人等社会机器人和全媒体智能场景系统应运而生，各种道德问题随之产生。

全媒体传播道德素养涵盖全媒体传播主题策划创意、内容生产链条、传输链条、反馈链条以及全媒体传播产业链条的所有环节、所有元素上与伦理道德相关的人物信息或事件信息，是一项从管理者到从业者，甚至机器设备都需要遵从的伦理道德。全媒体传播道德准则要求数字化、智慧化、智能化全媒体技术和设备的研发和相关产业的发展都要以国家保密安全、国家传播安全为基础，呼唤公平正义，讲求风清气正，坚守良心底线、道德底线，遵循新闻传播基本规律和行为准则，营造科学合理的全媒体传播社会环境。

第二节　内涵要求

全媒体传播道德素养追根溯源，可以从人类伟大的政治家、思想家、社会学家关于道德责任、写作道德、场景道德等的相关论述找到注脚。

一、道德责任

思想家康德提出的伦理责任五准则，对今天的全媒体传播健康发展仍有启发意义和借鉴价值，据此可以延伸出全媒体传播伦理道德的新思想。一是全媒体传播"中庸之道"。亚里士多德提出"精神美德就是在两个极端之间的正确位置"，这点与儒家的中庸学说不谋而合。所谓"中庸之道"，就是在两个极端之间寻求一种合理的、尽量不偏不倚的选择，讲求把握事物的临界点、做出正确的选择和诚实正直等观念。全媒体传播的传播内容务求诚实、正直。无论传播者还是管理者，无论技术专家还是设备使用者，都必须遵循这一全媒体传播的基本道德准则。二是全媒体传播"良心之道"。康德提出，世间存在绝对、永恒不变的真理，它对所有人都正确和适用，比如仁慈、讲真话，人们靠良心承担各自道德责任和集体社会责任。新闻传播机构追求"两肩担道义双手著文章"，延展到全媒体传播，同样会要求全媒体机器人、全媒体新闻主播等，把记者的良知道义放在首要位置，敢于担当社会责任，传播思想正能量、积极营造正向社会舆论。三是全媒体传播"功利之道"。"功利之道"准则认为，"君子爱财取之有道"，直面新闻传播自有的传播属性和商品属性，具有将新闻传播资源信息最大化和信息利益最大化的职能和本能，但这并不等于功利至上主义。"功利之道"不是宣传阳春白雪的"视金钱如粪土"，而是毫不避讳功名利禄的辩证关系，是一个非常重要的维护道德伦理的核心准则。穆勒认为，世界上没有绝对的正确与善良，无原则的善就是一种恶。人们出于道德考虑选择能带来最大益处的做法，而不是带来害处的做法。无原则的善反而会助长恶，趋利避害、为大多数人寻求最大的幸福才是正确的伦理道德选择。四是全媒体传播"公平之道"。新自由主义者罗尔斯提出无知之幕概念，指的是各方从生活中的真实情况退回到一个消除所有角色和社会差异的隔离物后面的"原始位置"，把自己当成整个社会的平等成员。就像我们考试时试卷上的密封线，会把每个人的个人信息蒙住，尽可能回避相关者，每个人都是平等的，以此实现公平。公平之道的第一大原则是自由共享，第二大原则是最广大的利益共享，这就叫公平。罗尔斯认为，只有在每个人都受到无社会差异对待时，正义才会出现。五是"仁爱之道"。用犹太教和基督教的"爱邻犹己"观点就是像爱自己一样去爱别人，爱一个人就意味着完全接受他的存在，爱他就爱他本来的样子。全媒体传播中的新闻道德或新闻至善，应该是新闻伦理的逻辑起点和正当依据。韩国沉船事故里无数人丧生，但是现场播报的记者却面带笑容，结果引起非常严重的世界性舆论。这个记者的行为就是违背道德规范中爱的准则。作为新闻传播者，除了要有知识和专业素养，最重要的是要有悲天悯人的情怀，这样才能做到感同身受，胜任本职工作。

  全媒体传播改变了人类既往的"两级传播""拟态环境""议程设置"等范畴界定，重塑新闻传播人类劳动、机器劳动以及人类劳动、机器劳动联合行动的工作关系，新闻传播生产链条、传输链条、反馈链条等整个体系发生了巨大变化，全媒体传播管理者的思维意识左右着全媒体传播新闻文稿的风格定位，全媒体传播受众的价值取向即时在反转、在倾覆、在循环往复，全媒体传播的行为思辨稀疏寻常又火花四溅。全媒体传播考验着新闻传播生产线、新闻传播产业链上的每一个新闻人，不断挑战诸如社会、生活、隐私、责任、伦理、法律、心理等概念内涵。全媒体机器人稿件写作、全媒体新闻主播仪态万方、全媒体场景假戏真做、全媒体机器人广告创作、全媒体机器人信息推送、全媒体机器人新闻纠错等传统新闻传播时代前所未有的全媒体传播现象，是人类智慧的集中表现，是人类向往的想象力、创造力无限延展扩张的大汇集，构筑成全媒体传播社会"万花筒"，也对全媒体传播道德素养提出了更高要求。

二、写作道德

数字化、智慧化、智能化全媒体技术，在一定程度上会改变新闻生产的数量和节奏，在全媒体新闻写作上有新突破。随着全媒体机器人在新闻写稿应用日盛，这种不按常理出牌的新闻创作方法，使算法应用、信息价值全媒体化开发与人类伦理观之间发生冲突，由此引发"全媒体机器人上岗导致传统新闻传播记者下岗""全媒体机器人彻底打败了新闻人""全媒体机器人会统治新闻传播"等猜想。揭开全媒体传播伦理道德机制相关谜团，化解人类智慧与全媒体传播的矛盾，需要全媒体传播管理者和决策者通过全媒体道德素养修炼与提高找到解决办法。

目前，全媒体传播可能带来两个方面的伦理问题。一方面，一旦数字化、智慧化、智能化全媒体技术具备超越机器的属性，愈发类似于（甚至超越于）人脑功能时，人类是否应当赋予它一定的"人权"与"体温"？另一方面，智能化全媒体正在逐步被人类赋予思想、学习和决策能力，在某些社会生产、生活领域逐渐替代人类，那么在媒介生产及至媒介生活中造成的过错应当如何解决？针对这些情况，如何基于道德视角引导智能化全媒体服务于人类？美国学者雷·库兹韦尔在《如何创造思维》一书中提出，到21世纪30年代前后，人类将有能力制造出强全媒体机器人，能够与人类产生一定程度的情感联系，并具备自我意识。对此，人类应加快讨论可能出现的伦理问题，一旦"高智商"全媒体机器人诞生，出现自我意识，人类是应当遏制其进一步成长，还是给予其"人权"与"体温"？

部分学者对智能机器人新闻写作持否定态度，认为给资讯化、关系化、智能化全媒体以"人权"与"体温"是对融媒体发展的放纵，将对人类的生命与安全造成威胁。乐观学者则主张，人类能够开发出符合自身道德的数字化、智慧化、智能化全媒体产品，因此可以给予全媒体部分基础的"人权"与"温度"。那么，当智慧化全媒体取代人类从事某些工作时，它所犯的过错应当由何人来负责呢？比如当智能化全媒体取代部分新闻写稿人员的岗位，发生误写误传现象时，应当向谁追责？是写稿机器人的使用方，还是生产方，抑或是机器人本身？这些日益多见的全媒体传播道德素养问题，值得我们讨论与反思。

三、场景道德

传统意义上的场景是指戏剧、电影中的场面或者泛指情景，是新闻传播的重要元件。智能化全媒体场景指全媒体技术及设备运用于营造新闻传播灯光舞台图景，构筑虚拟现实城市景观，以及在教育、医疗、无人驾驶、电商零售、金融、园区、家居、展厅等多个新闻采编垂直场合的"无中生有"场景塑造。全媒体传播场景道德，指的是数字化、智慧化、智能化全媒体在应用于上述场景过程中应遵循的道德伦理规范。

智能化全媒体概念从2015年提出伊始就受到市场的高度重视，机器人通过"学习"代替人类写作，数字化全媒体语音处理技术实现新闻消费的语音交互界面、自动听写采访，算法运用更加高效，满足受众的个性化需求，全媒体翻译减少不必要的人力时间。一些新型媒体正在应用各种各样的数字化、智慧化、智能化全媒体处理方式，将全媒体载体用于各种各样的生产场景，从无人商店到智慧金融，从智慧物流到全媒体安防，数以万计的应用场景在智能化全媒体环境下得到升级，整个市场环境被赋予更多的可能性。从目前数字化、智慧化、智能化全媒体的应用场景来看，当前全媒体传播仍是以特定应用领域为主的弱人工智能化全媒体，如图像识别、语音识别等生物识别分析，又如全媒体搜索、全媒体推荐、全媒体排序、全媒体算法等，商业模式主要集中在应用感知全媒体技术，如身份认证，基于人脸识别的门禁、打卡及安防，以语音识别、语义理解为核心的全媒体客服、语音助手等。随着认知全媒体技术的加速突破与应用，运算能力、数据量的大幅增长以及算法的全面提升，数字化全媒体市场加速爆发，"智慧化全媒体+汽车""智慧化全媒体+医疗"等产业均将创造巨大的商业价值。

全媒体传播的发展，带来知识生产和利用方式的深刻变革，也可以广泛用于解决人类社会面临的长期性挑战。全媒体智能场景道德，即要求针对不同的人群有不同的标准，针对未成年人等需要特殊保护的群体，实施最高的道德准则，要避免发布含有暴力、色情、侮辱、谩骂、诅咒、粗俗、煽动仇恨或其他道德上令人反感的场景内容，秉承"自觉意识、尊重观念、底线原则"三大核心理念。

第三节　内化价值

社会主义核心价值观是社会主义先进文化的重要部分，全媒体传播道德素养涵化培育的过程，实质就是社会主体在价值观主导下的自我选择的过程。社会主义核心价值观为社会主体全媒体传播道德素养的全面提升提供了理论基础和前行方向，是全媒体传播道德素养的内化价值根本所在。在全媒体传播发展环境下，社会主体的全媒体道德素养的形成状况及水平的高低也会对社会主义核心价值观产生特定影响，并可能成为培育社会主义核心价值观的重要渠道。作为主体选择结果并被深深打上社会化烙印的全媒体道德素养和社会主义核心价值观相互影响相互促进，二者统一于社会主义发展实践中。

党的十九届四中全会通过的《中共中央关于坚持和完善中国特色社会主义制度、推进国家治理体系和治理能力现代化若干重大问题的决定》明确指出："坚持以社会主义核心价值观引领文化建设制度。推动理想信念教育常态化、制度化，弘扬民族精神和时代精神，加强党史、新中国史、改革开放史教育，加强爱国主义、集体主义、社会主义教育，实施公民道德建设工程，推进新时代文明实践中心建设。坚持依法治国和以德治国相结合，完善弘扬社会主义核心价值观的法律政策体系，把社会主义核心价值观要求融入法治建设和社会治理，体现到国民教育、精神文明创建、文化产品创作生产全过程。"

一、渠道拓展

社会主义核心价值观是全体中国人民奋发向上的精神力量。通过灌输和传递，使不同社会个体形成正确的、体现出社会发展趋势的价值观念，并以内化于社会群体和个体意识的方式，规范着社会群体和个体的行为，形成团结和睦的社会氛围。同时，随着智能终端设施使用人群的不断增加，在全媒体传播环境中出现的各种信息也对社会主义核心价值观的灌输与传递产生着重要影响。全媒体传播的智能化发展，为如何建构社会主义核心价值观提出了新的要求。从某种意义上来说，全媒体道德素养可以成为建构社会主义核心价值观的有效途径。具有较好的全媒体道德素养的社会主体或社会群体在使用智能终端，获取并创造特定信息的过程中，会加强对主流意识形态的形塑并自觉地传递、践行社会主义核心价值观，增强对党和国家的热爱与忠诚。同时，具有良好的全媒体道德素养的社会主体，促进了各类全媒体传播媒介按照全媒体传播的一般规律来运作，并且以人影响人的方式使得社会形成较多良好道德素养公民，不仅有助于社会主义核心价值观的建构，而且也会有力地推动社会和谐和舆情良性发展。从个体层面来说，具有良好的全媒体道德素养的社会主体，能自觉解读、判断全媒体传播环境下的各种信息，消解噪音，促进自己身心的愉悦，并使自己获得信息知识的满足，有利于形成正确的价值观念。

社会主义核心价值观体现在国家层面为富强、民主、文明、和谐的价值理念，是国家特定价值与意识形态的展示，综合了传统文化的特定基因，具有特定的价值观轮廓的顺序，影响着国民对基本价值观的判断。因此，将富强、民主、文明、和谐这四个核心要义作为培育新时期中国特色全媒体传播道德素养的拓展渠道，融入全媒体传播信息的解读、批判与使用等能力的发挥与运用，无疑是一个纲举目张的正确主张。

在信息时代，信息已成为推动生产力发展的重要因素，多种媒介所传递出来的信息不仅对国家政治、经济、社会与文化的影响越来越大，并且深深地嵌入社会主体的思想、价值观念中，建构富强的社会主义核心价值观不能不考虑到信息环境下的社会主体的信息素养问题。作为信息素养特定组成部分的全媒体道德素养，体现了正确、合理使用全媒体传播信息产生出的巨大生产力效应。全媒体道德素养是生产力基础性角色之一，全媒体道德素养作为劳动力素养的一部分，影响着劳动力的技能，全面提升劳动力的知识化、智力化。在全媒体传播环境中，社会个体的全媒体道德素养不仅会影响到其他社会主体的生产积极性与主动性，也会对国家振兴、对社会发展产生重要影响。

无论是作为制度的民主还是作为观念的民主，都与全媒体道德素养修炼相互影响相互促进。社会主体在使用全媒体智能终端设施时必须保护他人的民主权利，按照特定的民主制度、民主规则行事，全媒体道德素养体现了民主的影响因素，民主状况成为形塑社会主体全媒体道德素养的环境因素。全媒体道德素养水平，决定着民主制度与民主观念的形成效率。具有良好全媒体道德素养的社会主体，在使用全媒体智能终端时会以平等、自由、公正的观念看待他人与社会，会在民主制度规约下传递与创造特定信息，始终按照民主规制约束自己的全媒体传播行为，久而久之就推动了民主制度的完善和民主观念的深入人心。因此，从某种意义上来说，信息时代的发展不仅表现为民主的进步，也表现为社会主体全媒体道德素养的全面提升。

在中国语境下，国家层面的文明价值观更多地体现为精神文明。人的知识性是精神文明建设的起点，人的素养的全面提升是精神文明发展的前提条件。全媒体道德素养在一定条件下会促进精神文明建设的发展。全媒体传播道德素养是精神文明建设的重要内容。精神文明建设不仅包括思想道德建设，还包括人的素养建设，而全媒体道德素养则是智能化时代条件下，在智能终端使用主体越来越多的情况下，社会主体所必备的基本素养之一。全媒体传播环境下的精神文明建设、价值观形成，说到底就是要全面提升社会主体的全媒体传播道德素养。只有全媒体道德素养提高了，社会主体对价值观才有新的认识，才会在整个社会中形成良好的精神文明氛围，才能有效地建构国家层面的文明价值取向。

全媒体传播的发展深刻地改变着整个社会的结构或要素，不断促进着社会结构和要素的变动，为建构和谐社会、建构和谐价值观提供了便利的途径。社会主体在使用全媒体智能终端设施时要把握和遵循主体性意识，并以此来解读与批判全媒体传播信息，在全媒体道德素养导引下进行信息的传播与创造，调节不同社会主体之间的价值取向和价值态度，并且通过规定使用智能终端设施的社会主体之间的权利和义务关系，为整个全媒体传播环境预设某种理想的社会关系的基本秩序规范，使社会个体形成与全媒体传播环境相适应的、并体现出和谐理念的共同价值观。全媒体传播的匿名性与公正性，使得每个社会主体都可以利用全媒体传播终端设施创造、传播信息，每一个人都能在全媒体传播环境中得到公平对待，真正实现人与人之间的公正平等。在全媒体传播环境中，基于良好的全媒体道德素养传递或创造出来的全媒体传播信息，符合绝大多数人的价值观和社会发展趋势，会在全媒体传播环境中营造出一种协调、积极向上、和谐共进的氛围。具有良好全媒体道德素养的社会主体，在全媒体传播环境下会以主体思想意识对自己的行为进行规范，把各种错误的全媒体传播信息消除在传播、创造之前，并且通过增强社会主体的自觉意识，减少全媒体传播环境下不良信息对整个社会所造成的影响，降低防范危机成本，减少社会震荡。①

作为社会主义核心价值观重要内容之一的法治价值观，是一个"他律"或"自律""他律"与"互律"相结合而形成的"多律"结果。全媒体道德素养本身就是在全媒体传播环境下所形成的"他律""自律"与"互律"的统一和谐的"多律"结果，对社会层面的法治价值观有着重要影响。首先，全媒体道德素养是法治生存的土壤之一。法治的根本目的是限制权力、保护权利，体现的是人与人之间的权利与义务关系问题，享有什么权利就应承担相应的义务，这与全媒体道德素养的基本理念是一致的。在全媒体传播环境下，具有特定全媒体道德素养的人一定是一个知道权利与义务对等原则的人。在全媒体传播环境中，他享有解读、批判、创造与传播全媒体传播信息的权利的同时，就应该知道自己应承担解读、批判、创造与传播全媒体传播信息的义务，并承担特定的影响后果。其次，全媒体道德素养是法治得以发展和完善的动力源泉之一。法治的推行和实现程度，很大程度上取决于国民的综合素养的全面提升，而法治只有把法律与文化、思想道德和人格精神等协调起来，法治建设才会成为可能。社会主体在使用全媒体智能终端设施过程中，在解读、批判、创造与使用信息的过程中形成了特定的素养，并在利用信息为他人、社会服务过程中，发展了自己的其他层面的素养。同时，社会主体在全媒体传播环境中，形塑全媒体道德素养的过程本身就是法律与思想、道德和人格精神协调发展的过程，从而能成为法治得以发展和完善的动力源泉之一。

二、终极目标

全媒体传播技术正在深刻地改变着社会主体的价值观念、生活习惯与思维方式。一些社会主体失去了社会道德的约束，传递不良信息，并在全

---

① 辛志勇，金盛华. 新时期大学生价值取向与价值观教育 [J]. 教育研究，2005(10): 22-27.

媒体传播环境中建立以个人发泄、恶毒攻击、肆意谩骂为中心的垃圾场，影响了整个社会主体全媒体传播道德素养的形成。因此，必须以社会主义核心价值观消解全媒体传播环境下的不良信息，为社会主体全媒体道德素养的形成提供一个干净的外部环境。全媒体传播的迅速性、自由性、开放性以及互动性使得在全媒体传播环境下各种错误的社会思潮、错误的观点频现，各种非马克思主义的甚至反马克思主义的思潮在全媒体传播环境下基于全媒体传播特点得以迅速扩展，影响到了社会主体的世界观、人生观，影响了社会主体全媒体道德素养的形塑。社会主义核心价值观是社会主义意识形态的本质体现，是全国各族人民共同奋斗的思想基础和内在动力，体现了国家、社会与个人对特定事物的共同看法。要通过社会主义核心价值观引领，矫正全媒体传播环境中的不良社会思潮，促进社会主体全媒体道德素养的形成与全面提升。另外，在现代社会中，人的全面发展成为各国政府的奋斗目标，也成为社会主体自我追求的终极目标。

其一，社会主义核心价值观决定着全媒体主体对于传播信息的选择能力。一个良好的信息传递与接收过程由信源、编码、信道、译码以及信宿五个基本环节所构成，在这五个基本环节中，信源、信道以及信宿是客观存在的，具有客观真实性特点。但编码与译码却是主体性、活动性的结果，体现出主体的主观性，即信息接受者通过一定途径接受信息时对特定的信息进行编码与译码，社会主体不同，编码与译码的结果也会不同。① 全媒体传播道德素养的目标高地，是"提高个体对他们用来发送和接收信息的媒介的掌控能力"。5G时代的社会主体深受各种信息的影响，我们需要技能以便能正确理解和评价我们所接受到的媒介信息。② 因此，获取信息的能力作为社会主体全媒体道德素养形成的首要因素。随着社会主体对

---

① 巴兰，戴维斯. 大众传播理论：基础、争鸣与未来（第三版）[M]. 曹书乐，译. 北京：清华大学出版社，2004：371.

② LIM S S, Nekmat E. Learning through "Prosuming": insights from media literacy programmes in Asia [J]. Science technology society, 2008（13）：259.

智能终端设施的接触与使用的频率越来越高,他们对全媒体传播环境下的信息获取还处于自我阶段,通过个人直觉感悟的获取信息方式,影响了社会主体的全媒体道德素养。社会主义核心价值观则为社会主体获取何种信息提供正确的自我感悟,并影响社会主体的信息获取能力进而形塑社会主体的全媒体道德素养。

其二,社会主义核心价值观促进社会主体的信息需求与信息动机。一般来说,信息的需求来源于某一个人不能理解的情景或背景,当社会主体有某种空白存在的时候,就会通过其他方式来填补,也会寻求各种适合自己的排解方式。因此,社会主体在日常生活、工作或学习中感悟到特定信息空白时,就会产生信息需求,利用智能终端设施来填补自己需求的空白。社会主义核心价值观可以为社会主体提供需要什么、什么才是正确的信息、哪些才能反映社会发展的基本趋势的基本指导。在社会主义核心价值观的指引下,社会主体可以按照社会主义核心价值观的要求来选择合适的信息。全媒体传播环境中存在着各种信息,即使是同一信息需求,在全媒体传播环境中也有不同的信息答案。因此,如何认识全媒体传播环境中存在的信息是由社会主体对全媒体传播信息的态度决定的。社会主义核心价值观可以通过影响社会主体的信息态度,引导他们选择正确的信息行为,进而全面提升社会主体的全媒体道德素养。

其三,社会主义核心价值观满足全媒体主体对于传播信息的心理需求。斯图尔特·尤恩曾说过:"从历史上讲,读写素养和民主之间的联系是密不可分的,它能使平民明白事理,深入了解与他们自身生活息息相关的事件,能够运用工具积极参与公共讨论与社会变革。"[1] 这种效能的发挥一方面取决于社会主体参与公共讨论的积极性,一方面取决于社会主体对媒介传递的特定信息的解读。在全媒体传播环境下,当社会主体在获取了信息之后,如何解读这些信息便成为社会主体全媒体道德素养的重要内

---

[1] 巴兰,戴维斯. 大众传播理论:基础、争鸣与未来(第三版)[M]. 曹书乐,译. 北京:清华大学出版社,2004:367.

容。社会主义核心价值观反映了人类社会发展方向，符合绝大多数人的思维观念和价值取向，为社会主体形成正确的全媒体传播信息解读能力提供可能。

其四，社会主义核心价值观有效消解了全媒体传播信息的不确定性。全媒体的发展造成了受众注意力的有限性与媒体发展的无限性之间的矛盾，为了吸引这些有限受众稀缺性资源的关注，全媒体开始出现了大众传播媒介向小众传播媒介发展的细化趋势，产生了渠道多、无权威，信息多、无观点，言语多、无行动的"三无"碎片化媒介格局。只有面对众多全媒体传播信息时，社会主体才能明白全媒体传播道德素养的正确性与重要性，才知道何为全媒体传播道德素养，也才能为政府采取措施培育社会主体的全媒体道德素养提供契机。在纷杂的全媒体传播环境下，信息的不确定性增加，"在我们拥有的信息量和我们的不确定性之间，有时甚至可能存在着正反馈作用。……当我们收集到越来越多的信息，对已经形成的准确的世界图景的信念便逐渐被怀疑和不确定性所取代"。[①] 消解对全媒体传播环境中的信息怀疑，靠的是社会主体的价值观念。

波特说过，培养媒介素养的目的是让我们对解读拥有更多控制权，所有的媒介讯息都是解读……媒介素养的关键是不要钻入对真实或客观信息的不可能的探索中去。它们根本就不存在。[②] 在全媒体传播传递过程中总是存在着信息的噪音，而噪音总是会影响到社会主体对全媒体传播的信息的认识。解读信息的能力是全媒体道德素养的有机组成部分，如果对全媒体传播环境中的某些信息解读出现问题，就会使社会主体无法直接搞清楚有关事态、发展方向以及最终的结果，最终因信息解读的失误而影响到社会主体的日常生活逻辑与行为模式。

---

① 德尔纳. 失败的逻辑：事情因何出错，世间有无妙策 [M]. 王志刚，译. 上海：上海科技教育出版社，1999：93.

② 巴兰，戴维斯. 大众传播理论：基础、争鸣与未来（第三版）[M]. 曹书乐，译. 北京：清华大学出版社，2004：360.

面对日益碎片化的全媒体传播环境，面对日益多元化的全媒体传播信息，"人们需要对一些媒介所传递出来的信息进行批判性的思考与判断，包括如何阅读文本，如何解读自己所关心的信息，如何甄别正确与错误信息等"①。作为体现广大人民群众价值需求的社会主义核心价值观，能够为社会主体在纷繁的全媒体传播环境的信息海洋中提供正确的思维与价值导向，能够了解全媒体传播媒介常用的传播技巧，并且用批判性的思维来评估全媒体传播环境中的多元化信息，能够更加警觉地接受或拒绝全媒体传播环境中的特定信息，自觉形成良好的全媒体传播道德素养。

第四节 衔接形塑

在多元价值观冲突中，社会主义核心价值观符合社会历史发展的需要，体现出社会主义制度文明的优越性，符合社会绝大多数人的价值取向，在多元价值观冲突中不断涤荡社会主体头脑中既已存在的不正确的价值观念。在社会主义核心价值观导引下，社会主体逐渐形成正确使用全媒体传播信息的态度，改变了社会主体在全媒体传播环境下的生活方式，进而影响到社会主体使用全媒体信息的幸福感。在社会主义核心价值观指引下，社会主体能正确地对特定全媒体传播信息形成螺旋式认知水平全面提升，进而形塑较好的认知能力与认知习惯，并在此基础上科学地解读全媒体传播信息。社会主义核心价值观以其正确的价值取舍、社会主义文明的先进性集中体现规范着社会主体使用全媒体传播信息的态度和目的，并最终影响着社会主体的全媒体道德素养。

全媒体传播道德素养与社会主义核心价值观相互影响、相互促进并在一定条件下相互转化。社会主体在具有了社会主义核心价值观之后，会按照社会主义核心价值观的要求，传播对社会、对他人具有积极影响的全媒

---

① Noam E, Groebel J, Gerbarg D. Internet television [M]. Mahwah NJ: Lawrence erlbaum associates, 2004: 185.

体信息，促进社会精神文明的进步。

全媒体道德素养与社会主义核心价值观对于国家、社会、个体至关重要，在社会主义发展进入到百年未有之大变局时，不同势力试图动摇或破坏全媒体传播道德素养与社会主义核心价值观之间的密切关系，达到西化社会主义个体精神的目的，从而和平演变社会主义。因此，必须高度重视全媒体道德素养教育和社会主义核心价值观的衔接与形塑问题。

一、高度契合

全媒体传播道德素养与社会主义核心价值观高度契合，源于二者存在与发展的内在逻辑。在任何一个国家或社会的任何时候，都有不同的价值观问题，这些价值观不仅体现着该时代的特色，也体现着特定时期国家、社会、个体的价值追求。当人类社会发展到信息时代时，特别是随着使用智能终端设施人数增加时，这时的社会不仅存在着差异的价值观，还存在着不同社会主体的全媒体道德素养问题。全媒体传播道德素养与价值观相互影响，这种相互影响与促进的可能性在于全媒体道德素养与社会主义核心价值观特点的相同性与功能的相似性。

其一，全媒体传播道德素养和社会主义核心价值观特点的相同性为二者的统一提供了可能。社会主义核心价值观与全媒体道德素养都是人们对特定事物、事件以及关系的认知，都是特定社会存在的一种反映，二者具有相同的特点。全媒体传播道德素养和社会主义核心价值观都具有主体性特点。作为主观活动产物的全媒体传播道德素养和社会主义核心价值观是人的主观能动性的构成内容，决定着社会主体影响和改造特定对象的方向和方法。对于同一事物或信息，不同社会主体会形塑不同的全媒体道德素养和社会主义核心价值观。面对同一事物或信息也会因社会主体的不同全媒体道德素养和社会主义核心观的影响而出现选择与使用上的差异。从某种意义上来说，全媒体道德素养和社会主义核心价值观是否能在社会主体中形塑取决于它们是否反映了社会主体的利益和需要，取决于它们是否同社会发展趋势和最广大人民群众的根本利益相一致，也因此被深深地打上了主体性的烙印。

其二，全媒体传播道德素养和社会主义核心价值观都具有社会性特点。社会主体的全媒体道德素养和社会主义核心价值观要受到社会的制约，不同时代、不同社会、不同人群会形成不同的全媒体道德素养和价值取向。全媒体道德素养和社会主义核心价值观需要通过社会化方式形塑和培育，作为社会化重要场所或平台的家庭、学校、政府、社会组织以及全媒体传播媒介都成为培育全媒体道德素养和社会主义核心价值观的重要载体和重要力量，在全媒体道德素养和社会主义核心价值观形塑中起着关键的作用。同时，社会主义核心价值观和全媒体道德素养随着社会主体知识的增长以及生活、工作经验的积累而逐步得到发展和确定。全媒体道德素养和社会主义核心价值观一旦形成，又具有相对稳定性，社会主体会以此作为自己行动的指南，形成一定的价值取向和行为定式，使全媒体道德素养和社会核心价值观深深地打上了社会的烙印。

其三，全媒体道德素养和社会主义核心价值观都来源于社会主体所生存的世界，是社会环境、文化传播以及科学技术等发展和社会化的结果，体现出相同的功能与价值。全媒体道德素养与社会主义核心价值观都具有评价功能，当社会主体具有了一定的全媒体道德素养与社会主义核心价值观后，他会据此对某些事物或信息做出是非对错或善恶美丑的评价，并且以此作为依据和标准，做出他自己认为是正确的决策。全媒体道德素养和社会主义核心价值观都具有约束功能，社会主体形成了特定的全媒体道德素养和社会主义核心价值观，就会自觉地以二者的内在标准和要求来监督和规范自己的行为。当自己的思维和行为偏离了全媒体道德素养和社会主义核心价值观要求的轨道时，社会主体会自觉地运用全媒体道德素养和社会主义核心价值观对其进行纠错与改正，重新调整自己的态度与行为，最终使自己的实践行为按预设的目标前进。全媒体道德素养与社会主义核心价值观的培育本身就是社会主体多种选择后产生的结果，一旦形成了全媒体道德素养和社会主义核心价值观，社会主体会在二者的指引下洞悉事物或信息背后蕴含的逻辑，并会对各种信息进行筛选和过滤，接受符合自己的全媒体道德素养和社会主义核心价值观要求的信息。

其四，全媒体道德素养和社会主义核心价值观都具有指导功能，这也是国家、社会与个体要形塑全媒体道德素养与社会主义核心价值观的内在逻辑。当社会主体具有了全媒体道德素养和社会主义核心价值观之后，他会以此作为自己评价和选择各种信息的基础，从而影响他日常工作生活行为的方法、手段与结果，并做出适宜而有效的决策行动。社会主义核心价值观和全媒体道德素养的联袂互动，促进社会风气的正向发展。当社会主义制度从理论向现实层面飞跃时，资本主义国家就会采取军事进攻、经济封锁以及和平演变等各种方式试图消灭这种"异类"。随着信息时代的到来，资本主义国家又充分利用全媒体传播影响社会主义公民的全媒体道德素养以达到"不战而胜"的目的。社会主义国家要获得较好的生存和发展环境，必须搞好核心价值观和全媒体道德素养的培育与践行。

二、直面挑战

当信息社会展现于我们面前时，人们就会不断地从全媒体平台获取各种信息并以此指导着自己的思维认知和实践活动。特别是随着使用智能终端设施人数的增加，社会主体的全媒体道德素养问题便全面提升到一个较重要的高度。由于在全媒体传播环境中，不同社会个体因全媒体道德素养的不同，会形成对特定事件相异的看法，直接或间接地影响到国家的稳定、执政党的执政合法性。随着全媒体传播被越来越多的国家重视，也随着使用智能终端人数的越来越多，全媒体传播环境将会成为资本主义与社会主义意识形态争斗的另一场域。社会主义国家一定要做好核心价值观和全媒体道德素养培育工作，自觉地抑制西方"蜂鸟计划"侵袭。

全媒体传播道德伦理准则的建构并非易事，存在着文化困境、伦理规范困境、利益相关者的价值困境以及技术困境四个方面问题。直面全媒体传播道德挑战，充分兼顾全媒体传播技术伦理问题，以人为中心开展工作，坚持全媒体传播公平性原则、公正性原则、真实性原则，坚持以人为善以邻为善，就可以消解困局破浪前行。

全媒体传播最基本的道德伦理底线就是安全可控。确保算法系统等技术的安全可靠，使算法技术的可解释性成为引导全媒体化设计的一个基本方向，避免技术对人类造成任何伤害，全面提升技术的可信性、确保技术可问责性和透明性。在实际操作过程中，全媒体传播的传播内容道德伦理底线，就是"己所不欲勿施于人"。

一是以人为中心，从人的本真需要出发，是全媒体传播技术设计的基本出发点。我们需要以人为本的全媒体设计原则，在强化人类中心主义的同时，达到走出人类中心主义的目标，在二者之间形成双向互进关系。随着全媒体传播算法推理、传播机器人进入家庭，保护隐私、满足个性需求就变得格外重要。我们始终应该以人为中心而不是以机器为中心、以传播正能量为中心，避免过度依赖机器人带来的一系列家庭伦理问题，减缓过度依赖传播结果而忽略人的因素所产生的本末倒置不良后果。二是坚持全媒体传播真实性原则，可以用人脸识别等技术加强对新闻传播主体的识别，以加强真实性考核、落实责任和责任追究。全媒体传播应当以传播真相为己任，新闻报道应该做到真实。讲述真相不仅是一个道德问题，而且是一个识别真实情况、将歪曲和干扰降到最小的问题，要避免新闻报道中的偏失、疏漏和捏造。三是坚持全媒体传播公平性原则，传播内容、传播形式、传播渠道尽可能顾及多方利益，让各个地区、各种职业、各种种族、各种宗教等受众人群，都能够享受到全媒体传播的信息资源，感受到公平正义的美好生活。四是坚持全媒体传播善意原则，这其中包括生命至上原则、最小伤害原则、良知原则和仁慈原则等。由于技术发展会对伦理准则提出新的要求，这些准则如何进行技术落地、经受社会检验，再不断迭代完善，是我们将面临的更有意义的问题。

数字化、智慧化、智能化全媒体将在未来几十年对人类社会产生巨大的影响，带来不可逆转的改变，这已经成为国际社会的共识。就如伦理道德是人类文明数千年发展的重要稳定器和压舱石一样，全媒体传播伦理道德是人类社会的发展基石。由于智能化全媒体传播对社会影响深远，全社会和各国政府应共同努力，制定全媒体开发和应用的伦理规范和政策方向，为其健康发展奠定基础。

当前，智慧化全媒体传播处在发展初期，已经展现出巨大的变革能量。全媒体传播机器不仅在语音识别、人脸识别等领域接近人类，甚至在某些方面超过了人类，可以代替人驾驶汽车、诊断病情、教授知识、检验产品等。也就是说，机器将不再是单纯的工具，而有可能帮助，甚至部分代替人，进行决策、设计、生产和生活。只有建立完善的全媒体道德规范，处理好机器与人的关系，我们才能更多地获得全媒体红利，让技术造福人类。

当前全媒体传播发展已经明显地表现出了对人的地位和社会存在的挑战，是中西文化一次深度融合的机遇，是中西方哲学思想成果的共享。与西方的"我思故我在""存在者的存在"等对于主体性与存在不确定性等哲学思想相比，中国文化更重视人和人性的中心地位，以自身的本质表现人的主体性，用一种直觉的、体验的方法来感悟"天人合一"的自然与历史的和谐统一，彰显大象无形中的"非表达与非形式的确定性"。在中西方哲学思想融通中，或许可以为人认识自身和突破全媒体传播伦理道德瓶颈带来新路径。

面对全媒体发展的新形势、新需求，我国必须主动求变、应变，无论在技术研发层面还是伦理思想探讨层面都要发出自己的声音，争取国际话语权。要牢牢把握数字化、智慧化、智能化全媒体发展的重大历史机遇，积极主动谋划发展策略，时刻观察发展动向保证及时行动，引领世界全媒体发展新潮流，这样才能服务经济社会发展和保障国家安全，带动国家竞争力整体跃升和跨越式发展，在智能化全媒体发展的大潮中为全体人类做贡献谋福祉。我们要积极参与全球智慧化全媒体伦理原则的研究和制定，及早识别禁区,吸收和弘扬"以人为本"等中国优秀传统文化精髓,让技术创新更好地造福人类,为国际全媒体伦理研究贡献中国智慧。根据清华大学公共管理学院院长薛澜的观点:媒介融合发展将在创新治理、可持续发展和全球安全合作三个方面对现行国际秩序产生深刻影响,需要各国政府与社会各界从人类命运共同体的高度予以关切和回应。只有加强各国之间的合作与交流,才可能真正构建起一套全球性的、共建共享、安全高效、持续发展的全媒体治理新秩序。各国政府应促进数据共享技术,为全媒体传播培训和测试提供公共数据集,在个人信息得到保护的前提下,促进传播信息数据的自由流通,建立多层次的国际数字化、智慧化、智能化全媒体治理机制。各国政府应通过联合国、G20以及其他国际平台,将全媒体传播发展纳入国际合作议程,利用智慧化全媒体推动联合国2030年可持续发展目标的实现。由政府主管部门牵头,组织跨学科领域的行业专家、全媒体企业代表、行业用户和公众等相关利益方,开展全媒体伦理的研究和顶层设计,促进民生福祉改善,推进行业健康发展,掌握新一轮技术革命的主动权。

第五章 文化素养

在当前智能移动革命、社交网络革命、互联网革命的全媒体传播大背景下，全媒体文化素养已成为现代社会公民素养的组成部分和一种文化实践，公众、媒介与传播的关系变得异常复杂，而且媒介文化素养与政治、经济之间的关系也在不断地发展变化中，全媒体文化素养逐渐成为社会公众为了适应新的媒介环境和社会变化，应该掌握的新能力、新技巧。在社会主义新时代，由于全媒体传播文化素养是一个内涵复杂的概念，其内涵外延与特征也是不断发展变化的，需要我们正确把握与对待。

第一节 基本概念

随着社会发展变迁，人类文明程度逐次跃上一个个新台阶，人类的文化水准、文化修炼、文化表达和文化产业都在发生着连锁变化。在刀耕火种年代，人们衣不蔽体食不果腹，一个温暖的眼神，一个有力的牵拉扶持，就是最实在最质朴的文化之礼文明之旅。文字的发明创造、印刷术印刷设备的发明应用，为人类文明成果的遗存和传承创造了条件，报纸杂志传播应运而生，为文明传播文化发展插上了腾飞翅膀。广播电视设备的发明及广播电视台的创建，为全世界"地球村落"文明谋划出美丽画卷，人类在第一时间共享文明成就共庆盛世华彩，逐渐由空想变成现实。纵观人类传播文化发展史，先后经历了原始传播文化、口语传播文化、肢体表演文化、书写绘画文化、活字印刷文化、广播影视文化、网络文化和全媒体文化等多种形态，由此派生出传播文化素养新概念。

一、文化大观

文化是"人文化成"一语的缩写，此语出于易经贲卦象辞之"刚柔交错，天文也；文明以止，人文也。观乎天文，以察时变，观乎人文，以化成天下"。简单来说，文化是人类的生活要素形态的统称，即衣、冠、文、物、食、住、行等在思想境界意识形态的升级升华，变化成多种多样的具体化的文明进步产品与沉淀千年的具象化成果。从哲学视角而言，文化是相对于政治经济而言的人类全部精神活动及其活动产品。从历时延展来看，文化是智慧群族的社会现象与群族内在精神的既有、传承、创造、发展的总和。

文化人类学家R.林顿把文化传播过程分为接触与显现阶段（即一种或几种外来的文化元素在一个社会中显现出来被人注意）、选择阶段（对显现出来的文化元素进行批评、选择、决定采纳或拒绝）和融合阶段（把决定采纳的文化元素融合于本民族文化之中）等三个阶段。大众媒体文化包括智慧群族的过去与未来，是群族基于自然的基础上的所有线下活动内容，即群族在现实社会的所有物质表象与精神内在的整体。具体而言，大众媒体文化包括群族的历史、地理、风土人情、传统习俗、生活方式、宗教信仰，文学艺术、规范、律法、制度、思维方式、价值观念、审美情趣，精神图腾等。大众媒体文化主要包括现实社会的观念形态、精神产品、文化方式等三个方面超离物质层面的内容，呈现出具象化的诗歌、绘画、书法、戏剧戏曲、广播电视节目等文化文艺产品形式。其中，大众媒体文化观念形态的文化形式，包括宗教信仰、价值观念、法律、政治等意识形态的东西。大众媒体文化精神产品则包括文学艺术和知识成果，代表性成果有小说作品、诗歌作品、绘画作品、书法作品、歌剧戏剧戏曲作品、广播电视节目作品等。大众媒体文化的代表性场所为歌剧院、电影院、美术馆、音乐馆、书画室、科技馆、展览馆、博物馆、图书馆以及各种各类人类文化文明遗址公园等，生活方式的文化表达则囊括了衣食住行、民情风俗、生老病死以及社会生活的一切方面。

大众媒体文化的划分标准各异，有的将之分为现实社会的物质文化和哲学思想（制度文化和心理文化），有的将大众媒体文化分成现实性主流文化与亚文化（指非人类的智慧群族的文化）。斯特恩（H. H. Stern, 1992）根据文化的结构和范畴把文化分为广义和狭义两种概念。广义文化即大写的文化（culture with a big C），狭义的文化即小写的文化（culture with a small c）。汉科特·汉默里（Hammerly, 1982）把文化分为信息文化、行为文化和成就文化。信息文化指受教育本族语者所掌握的关于社会、地理、历史等知识，属于常识范畴，行为文化指人的生活方式、实际行为、态度、价值等，是成功交际最重要的因素；成就文化是指艺术和文学成就，是传统的文化概念。

大众媒体文化具有整合、导向、维稳和传承等作用。一是整合社会力量，对于协调群体成员的行动发挥聚合作用。就像蚂蚁过江一样，社会群体中不同的成员都是独特的行动者，他们基于自己的需要、根据对情景的判断和理解采取一定的社会行动。文化是他们之间沟通的中介，如果他们能够共享文化，那么他们就能够有效地沟通，消除隔阂、促成合作。二是指导人们行动的方向。文化可以引领人们的行动，通过共享文化，行动者可以知道自己的何种行为在对方看来是适宜的、可能引起积极回应。三是维持社会秩序的稳定。文化可以聚合人们以往共同的生活经验，凝练合理、被普遍接受的理念。某种文化的形成和确立，就意味着某种价值观和行为规范的被认可和被遵从，也意味着某种秩序的形成。四是传承历史文化，向新的世代流传，使下一代认同、共享文化遗产。

新兴媒体文化作为一种科技文化、新潮文化，更多地否定了传统文化的政治色彩和政治倾向，赋予了传统文化新的表现形式，创造了丰富多彩的新文化元素。互联网传播科技催生了网络文化，网络文化不断阐释、传播科技信息，开创了人类交往和社会活动的新方式。网络技术赋予传统文化以独特新颖的传播渠道、传播形式、表现形式，承载了文化诉求、文化范式、文化样态等文化同化与异化的变革。新兴媒体文化是以计算机技术、通信技术、网络技术、社交技术、智能技术为物质基础，通过发送和接收文字图片、音视频和动漫等多种多样的信息，影响或改变人们的管理方式、交往方式、生活方式的一种新文化形态，处处显现着现代高科技的特点，处处打刻着现代高科技的前行烙印。

1994年，中国加入全球互联网络大家庭。经过20多年的互联网技术变迁和互联网内容、形式等的更迭，中国互联网络作为全球互联网络的新生力量，作为中国上层建筑一种新的社会形态，孕育了中国特色的网吧文化、网络音视频文化、网络博客文化、网络微博文化、电子邮件文化、QQ文化、微信文化、抖音文化、短视频文化、网络地域文化、网络民族文化、网络民俗民情文化、网络服饰文化、网络美食文化和网络名人文化等各种新的文化现象，成为形形色色的中国网络文化景观。这些与高精技术结伴而生的文化符号、文化现象、文化活动、文化人物、文化产品与文化精神，让人惊喜称奇，让人困惑迷惘，让人担忧受怕，让人眼花缭乱、目不暇接。

新兴媒体文化内容与形式丰富多样，诞生了这样那样的新思想、新意识、新概念、新名词、新图形，有的如昙花一现，过些时间就消失得没有踪迹；有的慢慢积淀下来，收进词典，走进大众生活，成为时代文化新的组成部分，成为文化隽永。互联网络时时孕育着文化新时尚，催生新的文化现象，释放出蓬勃生机与活力，催生出"新文化"并为之注入活力与动力。回溯从1G到2G直到5G中国网络文化的发展变迁，厘清每一"G"时代的网络文化形态、网络文化语符、网络文化人物和网络文化现象的内在联系与潜变趋势，有助于正确把握我国不同数字移动通信网络技术支撑下的网络文化场景走势，科学预知与畅想未来"G"网络文化发展轨迹，对营造风清气朗的网络文化和谐生态，为中国互联网文化强国提供决策参考和理论依据。

现代5G技术的发展，为新兴媒体文化的跨越式发展提供了新的机遇和可能。一方面，蕴含高精技术的文化现象、文化符号，记录着高精科技的飞跃前行轨迹。通过高精尖传播技术应用和创新，激励高端科技人才的创新创造力，运用高科技手段整合与全面提升各种人文资源，提供现代信息文化产品，为网络文化乃至整个虚拟社会精神文明建设开辟了新的道路。另一方面，高精尖科技创造了先进文化与高度文明。通过互联网等新兴媒体的内容开发和创新，聚合五大洲四大洋"三教九流"文化人才，赋予赛博空间更多的文化内容，突破网络文化创造与再造的技术瓶颈和内容瓶颈，彻底改变网络文化的技术贫困状态，实现高科技与高大上阳春白雪文化的"高高在上"结合，促进民间发明、乡土科技与地域文化、民俗文化、通俗文化、"土文化"的联姻，打破互联网时代文化传播知识鸿沟，实现信息产业和网络文化事业的双重跨越和共同发展。

我国政府高度重视网络文化建设与发展，习近平就网络强国、空间安全、网络治理等先后发表了许多重要论述，阐明了中国由网络大国迈向网络强国的宏观思考、战略部署和方针路径，明确了在国家治理体系和治理能力中，网络治理的具体任务和要求，提出了推进全球互联网治理体系变革、世界各国共同构建网络空间命运共同体的政策主张。习近平强调"用社会主义核心价值观和人类优秀文明成果滋养人心、滋养社会"，指出"网络空间是亿万民众共同的精神家园。网络空间天朗气清、生态良好，符合人民利益"，营造了具有中国特色、中国气派、中国神韵的高扬主旋律、传播正能量、向上向善、气正清朗、追求高尚、境界高远的网络文化理想乐园与和谐生态。我们应该分析每一代数字移动通信网络文化的特质，考量其带给人们的网络文化载体、网络文化形态、网络文化语符、网络文化人物、网络文化现象和网络文化精神的影响，回溯2G时代精英文化、3G时代普众文化、4G时代融合文化、5G时代全媒体文化的中国网络文化发展变迁，探索与畅想我国新时代的全媒体文化主宰的新兴媒体文化场景走势，营造风清气朗的网络文化新生态。

二、全媒体文化

全媒体传播文化是蕴含于全媒体传播技术、全媒体传播内容、全媒体传播产业、全媒体传播管理等整个全媒体传播链环系统之中的文化现象、文化形式、文化人物、文化符号、文化产品、文化素养等,是将某种文化从一个全媒体小众社会传到另一个全媒体小众社会,从一区域传到另一区域以及从一群体传到另一群体的互动社会现象和社会活动,涉及通过全媒体传播媒介由文化源地向外辐射传播或由一个社会群体向另一群体散布的文化信息等过程文化与产品文化。

在地理空间的全媒体传播文化中,每个公民都可能是信息源,"全员"既是传播者又是生产者,体现碎片化、去中心化、互动联动化、即时化等特点。从传播媒介上看,全媒体传播文化有传统大众传播文化、移动端网络传播文化、基于桌面的网络和智能媒介传播文化等样态。从全媒体文化传播效果来看,有同化接受和异化改造两种模式:同化接受是指受众直接采纳,把外来的文化元素或文化丛直接吸收过来。异化改造属于全媒体文化的间接传播方式,即一种文化元素或文化丛传入一个地区或族群,引起那里人们的思考,由此引发受众创造一种新文化,这种现象被称为"刺激性传播"。

全媒体传播文化产生的机理,是人类支持智能技术发展的理论依据,包括极致个人社会和伦人社会两种理念。心理文化学根据人类的"个体性"和"相互性"两种属性将基本人际状态分为两类。第一类为"个人"形态,强调人的个体性和独立性,在独立、自由等理念下,特意将个体与他人的联系切断或减少交往中对他人的依赖,以美国为代表的西方社会便属于"极致个人社会"。第二类为"间人"形态,强调人的"相互性",个体认识到无法摆脱所处的情境以及与他者的具体、特定的关联,并在"自—他"领域中进行相互关联控制。中国人的基本人际状态便属此类,亦即"伦人"社会。

1984年，詹姆斯·卡梅隆拍摄的电影《终结者》系列，讲述的就是未来人类跟机器人之间发生的战争，以全媒体技术与系统机器人试图消灭人类为其主题。2016年上映的科幻电视剧《西部世界》描述的也是未来世界的图景，无论是零件、外貌还是行为都与人类高度相似的全媒体技术与系统在自我意识获得发展后往往带给人类巨大的冲击。虽然影视作品只是一种艺术创造，但在某种程度上表现出人类在日益发达和强大的全媒体技术与系统面前萌生出的焦虑、危机感乃至忧患、灾难意识。一方面，科技革新迅猛发展，全媒体技术与系统的功能日益全面和强大，另一方面，极致个人不排斥将全媒体技术与系统植入人体，以无限全面提升其主体性，无限地发展自我能力。由此而导致的后果是具有两面性的。一是科技水平不断攀高，人的能力不断突破，人们借助全媒体技术与系统满足更多的欲望，甚至出现"全媒体技术与系统人"这样的有机体，人与全媒体技术与系统的界限和区别逐渐模糊。二是由于人的心理社会失衡性使个体缺乏安全感，个体内心有较大的不稳定，因而表现出焦虑不安、恐惧、不宽容甚至危机感。这种心理文化导致社会矛盾冲突状态的升级和恶化。

　　与"极致个人社会"相比，"伦人社会"对全媒体技术与系统表现出更多的是一种平和与乐观。柯洁对阵"阿尔法围棋"（AlphaGo）的失败，使中国民众意识到即便若干年后，全媒体技术与系统逐渐普及，对于人类作用的最大方面，仅仅只是技术层面。关注者立场鲜明地将人类与智能化全媒体技术与系统进行了区分，并未将全媒体技术与系统对人的胜利等同于全媒体技术与系统对人的取代，也未因全媒体技术与系统的强大而对人类社会过分焦虑过于悲观。以中国为代表的"伦人社会"最大的特点是以"关系体"为感知单位，行为主体以包容的形式与他者处在相互依赖状态之中。"伦人社会"均衡的最大特点是父母、兄弟、亲友、熟人是第三层中的永久居民，亲密关系的持续、自发、恒久构成生命的恒定内容，不太需要动用其他层来实现心理社会均衡，心理和行为表现出稳定守常的特点。伦人的生命包决定了生活的重心是人与人之间的关系，人们的行为取向是相互依赖的。因为要相互依赖，人们的行为便以折中、调和为取向，和谐成为该类社会文化的总理想和总目标。伦人主义推崇的价值观，如孝、忠、仁、义、礼、信、恩、报等，几乎都与协调人际关系有关。从这个角度来看，全媒体技术与系统永远不可能成为"伦人"社会的存在形式，只能复制个体却无法复制或成为"关系体"，它不会经历世代沿袭的宗族血脉，无法感知家人和朋友的无限之爱，不会因对他们无限之爱而随时准备牺牲自己，不会因为对某种文化的依恋和精神依赖而产生无法割舍的感情，不会为不被允许说自己的母语而感到抑郁、在异国他乡感受到乡愁，也不会因自身文化出现危机而感到沮丧，或因自身文化繁荣而感到欣喜。

三、全媒体文化素养

随着全媒体技术与系统的出现并快速地成长进步，人们开始注意到全媒体从业者和受众的文化素养问题，探寻全媒体文化素养的具体内涵。所谓全媒体文化素养，即指全媒体传播及运行管理全过程中的内容文化、技术文化、联动文化、产业文化、管理文化等共融共通的综合实力，是从业者或受众所具有或应养成的文化与科技融合、高效文化生活体验、个性化文化内容表达、艺术语言与表意体系结合以及创意文化营销促进的综合性人文品质。

全媒体文化素养包含了文化与科技的共通内容，科技与文化融合、科技与艺术融合是未来融合发展的一大趋势。全媒体技术与智能系统在深度学习、图像语音识别、全息影像等一系列关键技术的引领下对文化演进嬗变产生深远影响。通过"文化+全媒体技术与系统"模式，将科技内化到从业者和受众的全媒体传播和文化生活中去，促进网络社区文化传播的平民化和生活化，从而推动人的文化素养全面发展。全媒体文化素养是高效文化生活的体验和实践，受众高效的文化体验是互联网文化活动的核心范畴。全媒体文化素养体现在通过全媒体传播技术应用满足受众的精神文化需求，从而创造一种全新的文化消费体验与文化语符解码历程，通过改变文化接受者的心理情感状态，全面提升文化产品"人文"与"技术"性能并创造良好的文化体验场景等方式探索基于受众满意和具体诉求的文化创新机制，从而让定制化、精准化且富有个性化的文化产品送达目标受众。

全媒体文化素养是个性化文化内容表达的集中体现。随着基于全媒体技术的浏览跟踪和精准推送算法使得分众化的营销策略和细分市场的对口推广愈加成熟，为文化内容的个性化表达和精准私人定制提供了技术支持。全媒体传播技术催生受众消费偏好的筛选进程，倒逼其文化素养生成或体验模式的革新，让全媒体传播内容由 UGC（user generated content，用户原创内容）、OGC（occupationally generated content，职业生产内容）向 PGC（professional generated content，专业生产内容）再到 PUGC（professional user generated content，专业用户生产内容）的转型，实现受众文化素养内涵实质性转向。全媒体文化素养是艺术语言与表意体系的融合。全媒体技术与智能系统创造了许多文化奇观，让艺术语言与表意体系更加契合，开拓文化创作的新领域。目前全媒体技术与融媒系统在文艺创作方面的应用，对文化内容的重塑和改造将会丰富人们特殊的回忆性经验和感性认识，让文化作品的呈现方式更加多元更加生动，为受众文化体验增光添彩，并且通过创意文化营销得以实现，全面提升智能文化营销的整体效果，最大程度地发挥文化产品的溢出效应。

第二节　素养特征

古往今来，人们一直在尝试用各种工业革命技术成果来直接或间接取代人的部分劳动，进而达到掌控和征服自然。莱布尼茨提出"符号语言"和"思维演算"等概念，认为思维只有代数几何化，像公式一样地思考，如同画面一样直观表达，人类在创造上才可能走得更远。这一思想催生了数理逻辑的出世，现代机器思维设计思想就此开始萌芽。19世纪以来，数理逻辑、自动机理论、仿生学、信息论、计算机、心理学等学科的发展为全媒体技术与智能系统的诞生构建了思想、理论和物质基础。20世纪30年代，英国数学家、后被称为"智能技术与系统之父"的图灵奠定了计算机逻辑理论基础，就全媒体技术与系统提出价值性研究方法。从20世纪末到21世纪初，智能传播技术不断发展，尤其在近二十年全媒体文化传播得到快速发展。计算机"深蓝"战胜世界冠军卡斯帕洛夫和阿尔法智能机器人战胜围棋大师李世石、柯洁等事件，又使人们不断反思博弈伦理问题和机器人能否代替人类等长远战略性问题。全媒体传播发展进程的思维背景、技术背景、文化背景，奠定了全媒体文化素养的基本特质。

随着深度学习、图像识别、语音识别等一系列全媒体技术与智能化系统关键技术质的飞跃和5G、大数据、云计算等技术水平的进一步提升，全媒体智能传播技术开始对各行各业产生深远的影响，全媒体文化前景广阔。从全媒体文化产业发展来看，中国相关产业结构渐成系统、产业链日渐成型。在国家政策方面，我国从2015年以来便对媒介融合技术与智能化系统进行相关规划。任何新文化形式的诞生，都会打上时代的印记，都是社会进步、文明提升和科技创新的产物，这就是全媒体文化素养的时间性特征。互联网络的应用从军事战场扩散到全球百姓家，全面提升了社会文明高度，繁荣了文化家园。随着互联网时代的到来和移动互联网技术的普及应用，各种新型文化形态相继产生，从早期的文本文化、BBS文化、图片漫画文化和博客、微博文化等，到后来的音视频在线文化、网络动漫文化、VR文化、CR文化、复制检索文化、移动文化、网络文化等，无一不和以网络技术为代表的全媒体技术进步密切相关，全媒体文化素养的叠合性、地域性、国际性特征清晰可辨。

一、时间性

全媒体文化素养具有时间偏向的概念，具有历史性和发展性。通过前述全媒体文化素养的内涵与类别的演变与分析可以看出，对处于不同历史时期的人们而言，随着智能化网络技术的不断发展和人类文化的不断进步，全媒体文化素养也总在不断地提高。各种各类媒介素养总会有不断进步与完善的空间，大众通信、泛众自媒介与智能传播越来越具有信息共享与信息沟通特征。在不同的人类文明发展阶段，信息共享程度和信息沟通的方式也不尽相同。中国互联网信息中心的调查数据显示，近年来我国社会公众在互联网上的信息沟通方式正在由电子邮件向即时通信过渡，反映了我国网民信息沟通方式的变迁。全媒体文化素养教育发展成为信息社会终身教育的一个重要组成部分。正如戴维斯所总结的那样："媒介素养被认为是一种可以提高的技能，并且是一个连续统一体——我们在所有的情境中、所有时间里、对所有媒介来讲，并不具有同等的读写素养。"

全媒体文化素养具有阶段性，即不同发展时期与阶段的媒体文化素养的外延和内涵不同。在20世三十到六十年代，媒体文化素养主要是电报、传真、普通电话的应用与传播，之后广播电视电影等媒介素养得到了快速发展提升。这一时期的媒介素养基本上是自成体系的，媒介文化素养教育主要是保护主义立场和选择辨别范式为主，媒体文化素养研究的关注点在于媒介对社会公众特别是青少年的涵化培育影响，关键是如何引导受众对电信媒介内容进行明智的选择，提高人们的免疫力、分辨力，以辨别媒介内容、品质和品位，并根据自身的需要进行选择。到了20世纪80年代，随着电信媒介的普及与大众化，以大众媒介为主体的文化工业的发展迅猛，其对社会公众与日常生活的影响越来越大，对大众媒介的批判呼声日益高涨。在此背景下，越来越交织融合的媒介文化素养的批判范式生成，多元媒体文化素养培育的重点，在于弄清大众媒介的生产、制作和流通规则，多媒体文化素养的首要任务是培养受众批判解读大众媒介内容的能力，破译大众媒介建构"真实媒介"符号，对媒介内容自觉加以辨别，从而自主获取知识，并使大众媒介为自己所用。当前，全媒体传播受众在媒介生产中的地位发生变化，传播模式和传播机制得到重塑，受众由被动地接收信息转变成为主动的信息接受者、信息传播者和媒介参与者，第四代参与式立场的全媒体素养培育范式逐渐形成。全媒体文化素养的时间性特征还表现在即时性与连续性，全媒体文化传播日益多元与复杂，特别是微博、短视频、QQ群、微信群、社交网站等成为文化热点事件、文化人物曝光和发酵的新宠，全媒体传播文化素养的瞬间反应、瞬间转换、瞬间处置变得尤为重要。

二、叠合性

全媒体传播文化素养的叠合性，指的是在当前媒介融合与信息爆炸时代的大背景下，传者与受者的叠合、内容与技术的叠合、渠道与形式的叠合、聚合与离散的叠合、时间和空间的叠合等。全媒体文化传播者与接受者并没有明确的界限，信息与舆论传播更加交互化。特别是互联互动是全媒体文化传播环境的重要特性，信息使用者（受众）不仅能主动控制信息的接受行为，还能以自己需要为中心选择信息，并与信息组织者、生产者及时沟通，将个人意见反馈给信息源，甚至通过快速的聚集围观立即参与到信息的加工中去，使信息产生多级传播或反向传播。以互联网为载体的全媒体文化传播具有海量的传播内容以及超链接功能，微博、QQ、微信、短视频等新媒体可以自由发布消息，这些来去匆匆快速消亡的信息的权威性公信力被弱化，形成了全媒体文化传播的去中心化，消解了受众已经形成或者正在形成的认知信息和判断信息的能力。

全媒体文化传播主体草根化，其表现方式多种多样，涵盖了个人空间、手机短信、博客、网络社区、微博、微信、短视频等。随着5G网络技术的不断成熟以及各种智能手机、平板电脑等移动终端的日益普及，极大地促进了手机微博、微信、短视频的传播。社会公众能随时随地发布、接收信息，使公众的文化话语权得到延伸，网民获得空前的文化自主和文化自由，社会化媒体为公众利益诉求表达、监督政府行为等提供了一个畅所欲言的传播空间。

三、地域性

随着社会信息化的不断发展,人们的生活与电信媒介传播融合的不断加深,全媒体文化素养教育的研究随之受到世界各国的重视。由于各个国家或地区的社会发展形态与发展程度的不同、媒介技术发展程度与发展模式的不同以及社会公众认知与媒介选择的不同,全媒体文化素养教育在不同国家和地区的基本要求和全面提升程度具有地域差异。世界上最早的媒体文化素养或者说媒介素养的研究起源于英国,1933年英国学者写的《文化与环境:批判意识的培养》一书中首先提出将媒介素养教育引入学校教育。现在媒体文化素养教育发展比较好的国家有英国、澳大利亚、加拿大、美国等国家,他们媒体文化素养教育运动发展的起因、背景和模式都各有特色与长处。1933年,利维斯和汤普逊根据英国当时的媒介发展与大众文化传播状况提出了保护主义范式(也称为免疫模式),旨在倡导社会公众对优秀文化的保护和继承。加拿大关注媒介素养教育始于1965年,当时加拿大为了抵制美国等国的文化入侵,维护加拿大本国文化主权和国内的多元文化主义运动,由屏幕教育协会提出了媒介发展的保护主义范式,重点关注本土文学分析和对电视电影的研究。20世纪80年代,加拿大学者提出新媒介素养个人反应模式。90年代以后,安大略省媒体素养协会为了应对电信产业化发展与媒介融合提出了全媒体文化素养教育(或媒介素养教育)范式,强调对学生自我认同能力的培养,明确了不仅培养学生对媒介及其文本的赏析能力,还要通过帮助他们认识虚拟和现实、个人和世界的关系,认识媒体价值和自我价值,从而培养社会公众的公民意识。美国媒体文化素养发展得相对比较晚,借鉴了英国、加拿大等国的做法与经验,逐步形成了本国媒体文化素养教育的基本理念。20世纪六十至七十年代,美国针对本国自身媒介制度和媒介环境发展需要,特别是面对电视对美国社会生活的全面渗透和对青少年的巨大影响,美国学者注重本土文化研究和干涉主义取向的研究,提出保护与应用并重的模式,其主要观点一是重点保护社会公众免受大众媒介消费文化的负面影响，二是培养社会公众独立解读媒介的能力以及传播技巧。20世纪80年代后，美国开始逐步推行赋权模式，加强社会公众参与媒介实践与话语表达的能力。从20世纪90年代开始，随着互联网与电信、电影等媒介的融合，"第二媒体""第三媒体""第四媒体"逐渐占据人们的信息生活，全媒体文化素养逐步完善与成熟，改变传统的对受众的规训与"布道式"的说教，教育实践转向倡导社会公众对大众媒介理解力和参与能力的自我构建与生成。世界各国全媒体文化素养层次各异，共识在于为了应对媒介的发展趋势应注重媒体文化传播内容的革新能力和创造性革新媒介发展的能力。不同国家和地区的早期传承媒介传播素养的差异，呈现出现阶段全媒体传播文化素养的区域性特征。

四、全球性

在全球化背景下，数字技术、卫星技术、多媒体、国际互联网、XR技术等全媒体文化传播技术以惊人的速度更新换代，卫星通信、视频电话与新一代移动通信网的不断发展与应用，引发了全球范围内的媒介跨国传播革命，促进了全媒体文化传播话语生产及话语方式的转变。全媒体技术应用的全球化，与跨文化全球传播交相辉映，催生了全媒体文化素养的全球性特征。全媒体文化传播的全球化首先是媒介技术的全球化，新的网络形态与媒介平台的不断更新，必然增加全媒体文化素养的内涵。电信技术、人工智能技术与传播形态的更新，不仅可以提高人们接受信息、处理信息的能力，而其带来的社会问题也迫使全媒体文化素养的内涵与媒介文化内容的不断丰富与发展，对全媒体文化传播的跨文化传播、全媒体文化素养的形态与结构提出了新的挑战。

随着现代全媒体文化传播网络逐渐跨越国界、跨越地域、跨越民族与文化的沟壑，向世界不同地区的各个角落不断延伸和扩展，经济文化跨国交流日益频繁，对全媒体文化素养提出更高的要求。人们要了解各国各种传播媒介的特性和规则，了解掌握不同的全媒体文化传播类型与平台，人们要有世界观与媒介跨文化交流的能力与水平。世界电信日提出的"世界信息社会日"这一口号，充分说明了信息化浪潮已经成为世界发展一个不可逆转的趋势，推动全球信息社会建设成融合划一的全媒体大平台不是没有可能，这也是世界各国的必然选择和共同任务。

第三节　培育价值

中国新兴媒体文化的发迹、发展与繁荣，总是与信息通信技术"亦步亦趋"。每一代数字移动通信网络，都会孵化繁衍出打刻着"G"烙印的网络文化载体、网络文化形态、网络文化语符、网络文化人物和网络文化现象。每下一代"G"技术与网络的潜行嬗变，既有全新的网络文化"新景新貌"，又"潜伏着"前一代"G"的网络文化"旧情旧景"，既有"新瓶装旧酒""换汤不换药"的偷梁换柱李代姜魂，也有"新瓶新酒"化茧成蝶涅槃重生。面对纷繁的智能化世界，我们需要洞察全媒体文化素养培育的深层问题，积极探寻应对策略，开掘出全媒体传播文化素养培育价值。

一、丰富文化生活

全媒体传播文化既包括世界观、人生观、价值观等具有意识形态性质的部分，又包括自然科学、技术、语言和文字等非意识形态的部分，是人类进入全媒体文化传播社会特有的精神现象，是由全媒体文化传播者所创造、为全媒体文化传播者和受众所特有的精神食粮，既是新闻传播智慧群族的社会现象，又是群族内在精神的既有、传承、创造、发展的总和。全媒体传播文化属于文化的重要组成部分，除了具有普通文化功能以外，它还具备全媒体技术与智慧系统类人脑神经功能所赋予的独特功能。

全媒体传播文化素养是凝结在物质之中又游离于物质之外的人类社会与历史的积淀物，是能够被传承的国家或民族的历史、地理、风土人情、传统习俗、生活方式、文学艺术、行为规范、思维方式、价值观念等的聚合，是人类相互之间进行交流的普遍认可的一种能够传承的意识形态修为，是对客观世界感性方面的知识与经验的升华。中国文化印烙着民族与时代的特点，既有传承又有发展，中国文化的主要内容是新时代的儒学思想。中国全媒体传播文化发展离不开中华传统文化的积淀，需基于国家文化历史经验才能得以更深入地发展。

全媒体传播文化素养培育可以改善人类语言，丰富文化生活。根据语言学的观点，语言是思维的表现和工具，思维规律可用语言学方法加以研究，突破人类下意识和潜意识往往"只能意会，不可言传"的天条戒律。通过采用智能化全媒体技术，综合应用语法、语义解构和形式知识表达法，人类有可能在改善知识的自然语言表达的同时，把知识阐述为适用于全媒体技术与智能系统的展示形式，描述日常生活中的状态和消解各种问题。全媒体技术与智能系统已经渗透到人类工作和生活的方方面面，像谷歌、脸书、微博、百度等网络公司早已将全媒体技术与智慧化系统服务应用于用户的日常生活中，为人类文化生活提供更多新机遇，在全媒体传播文化技术和全媒体传播文化管理可控范围内让生活变得更加美好。全媒体技术及其系统不仅不会破坏现有文化，反而会使文化焕发生机，改变文化价值观的传播方式，形成"文化+全媒体技术与智能系统"的文化发展新格局。

"文化+全媒体技术与智能系统"是全媒体技术与系统工程向文化领域广泛渗透和深入应用的表现形式，是文化全面提升自身的科技附加值，转变发展思路、丰富文化生活的重要环节。发展全媒体技术与系统工程的目的，是最大限度地改善人类的日常生活，让生活变得更加便捷有序，用高度人性化的科技创新成果解决实际问题。

二、刺激文化消费

"文化+全媒体技术与智能系统"的理念，就是让全媒体技术与融媒系统造福人类，成为文化经济转型升级的动力。全媒体传播文化与全媒体传播技术的结合，既延伸了文化产业的价值链，同时也为文化事业的可持续推进提供了新的突破口。"文化+全媒体技术与智能系统"为文化事业与文化产业的发展提供了重要契机，成为激发当代消费文化和大众娱乐文化表现活力的一大法宝。最大程度、最大效能刺激全媒体传播文化产业，就是全媒体传播文化素养的具体内容。

全媒体技术与系统工程作为新生事物，大大激发消费者的好奇心，消费者试图尝试一种新的消费形式和消费体验，其消费需求会大大增加，有利于文化产业销售收入和社会效益的双赢局面建构。智能手机凭借其独特的非通信应用功能，一面世就吸引消费者的目光，围绕智能手机的搭载平台，大量的非通信功能刺激了消费者文化消费的新需求。全媒体技术与系统机器人的出现，为博物馆、美术馆等文化场馆的讲解、服务方式甚至形象塑造打开了新的窗口，为公共文化场所带来更多活力，强化激发了人们的消费欲望。全媒体技术与智能系统才刚刚走入人们的视野，创新速度惊人，有着充足的发展空间，产业引力巨大，产业魅力无限。

三、拓展文化认知

人类文化的进化与发展，涉及精神文化、语言和符号、规范体系和文化产品等要素的发展与完善过程。精神文化包括哲学及其他具体科学、宗教、艺术、伦理道德、价值观等，是文化要素中最有活力的部分，是人类创造活动的动力。语言符号在人类的交往活动中起着沟通作用。语言符号是文化积淀和贮存的手段，人类只有借助语言符号才能创造、反映和传播文化。全媒体传播文化素养，涉及文化规范体系，涉及规范人们的风俗、法律、规章制度等行为准则。全媒体文化传播素养的提高，能够促使从业者与受众的认知朝着无限虚拟空间和倍增超强现实场景方向转变，极大拓宽人类文化认知空间。虚拟世界是人类知识外化的结果，是人的认知能力的扩展。人类在概括自身意识活动本质的基础上，通过全媒体技术与智能系统逐步拓展了意识视域，放大了意识结构，正成为一个由虚拟客体和虚拟主体所构成且处于开放环境中的动态系统。基于计算机、移动通信智能段和5G网络等硬件和全媒体技术、大数据、云计算与人工智能等软件的智能生态系统，改变了人类知识贮存、传播和创造的方式。

通过全媒体技术与智能系统实现的语言、图片、影像和声光融合的全媒体平台，促成文本由纸质向数字形态的转移，从而知识载体具备了虚拟、动态和交互等特性。全媒体文化对人类文化发展的促进作用，主要体现在使文化朝着无限虚拟空间和倍增超强现实方向发展和转变，其结果是文化发展超出人类想象的预期范围和既定方向，具备与现实文化截然不同的虚拟特质。全媒体文化的主体，可能是一种虚拟的自主软智能体，能帮助受众以主动、灵活的方式完成一定的认知操作和对环境的行为操作等即时体验活动。全媒体文化传播在文化进化过程中的作用，可以从任务执行、思维影响、认知需求、教育发展和人文关怀五个方面得到展现。

第四节　培育途径

全媒体传播文化素养是对"全程传播"中"全员传播"的全媒体传播人文文化、全媒体传播科技文化和全媒体传播管理文化以及全媒体传播创造文化、再造文化的方方面面有所了解、研究、分析、掌握的基本技能，并在此基础上可以独立思考、剖析、总结并得出全媒体传播世界观、价值观、人生观的一种能力。全媒体传播文化作为一种精神力量，能够在人们认识世界、改造世界的过程中转化为物质力量，对社会发展产生深刻的影响。这种影响不仅表现在个人的成长历程中，而且表现在民族和国家的历史文化发展进程中。全媒体技术与智能系统在未来会改变人的思维方式，使人的思维产生像写作使人的思维产生偏差一样的偏向效应，以各种形态不断偏离主题以促进知识的增长。人们沉浸于技术操作、模拟仿真、娱乐博弈、趣味教学等具有以假乱真还原功效的"真实场景"之中，实现客体和主体的思想互动，满足新时代人们身心上的新需求。通过智能场景再现和编辑知识功能，全媒体技术与智能系统赋予学生思考问题的新方法。全媒体文化传播在文化进化中还发挥着人性化的影响力，为人类提供文化服务。维纳在《控制论》一书中指出，一定的输入和反馈都可以使机器拥有智能。我们应建立人机交互界面，健全人机对话系统，实现计算机产业结构和社会文化体系建设的双赢局面。

全媒体传播文化素养培育，旨在为全媒体传播从业者或全媒体传播受众将获得、接受和内化成自身人文涵养成分的理论、方法、技术及应用经验，用于全媒体传播文化内容创作、全媒体传播文化形式创新以及全媒体传播文化模拟、文化延伸和文化扩展物质生活和精神生活的一种全新、综合、技术性全面提升活动，使之突破全媒体传播素养的地域边界，整合优化全媒体传播文化的传者与受者叠合、内容与技术叠合、渠道与形式叠合、聚合与离散叠合以及时间和空间叠合关系，在全球化框架下全面提升全人类的全媒体传播文化水平。

一、明辨是非

全媒体传播文化素养的培育，是一个系统而长期的过程，是一个需要个人静思苦想并且洞悉外部环境的过程，是一个需要融入全媒体传播时代文化潮流的过程。古语云，"素"更多是"天然""天意"，素养首先要顺乎天意顺乎国情民情，"养"则是个人的后天修为，是一个不屈服命运、不断学习锐意完善的过程，是一个不断既修又养、既养又修的过程，是打破主观臆想静思明辨的过程。

全媒体传播文化素养需要明辨是非，需要与国家同呼吸共命运，把国家利益置于最高位置，在传播国家形象传播正能量中发挥积极作用。全媒体传播文化素养，需要完善自己的世界观、人生观、价值观，在"全程传播"中明察秋毫，摒弃屏蔽各种负面信息，掌握好全媒体传播文化事业与全媒体传播文化产业协调发展、均衡发展的度量衡。

二、勤思善想

全媒体传播文化素养的最终目标，是培育具有现代传播知识技艺的综合型全能型传播人才，成为在时代呼唤时能够脱颖而出的"意见领袖"，成为眼观六路耳听八方的"包打听"，成为广交朋友善交朋友的"交际花"。在这样纷繁芜杂的全媒体传播环境中，尤其需要勤思善想，在各种圈子及"三教九流"中游刃有余，能够审时度势，亲君子远小人。长时间与社会贤达文化名流打交道，耳濡目染地浸润陶冶，文化氛围、文化氤氲与文化气质浑然天成。

勤思善想意味着在各种场合尽量少说话不说话，多倾听多思考，即时消化有价值有意义的文化元素。在勤思善想穷思苦想中塑造宁静文化美感。有道是"言多必失""三思而后行""三思而后言"，说的都是勤思善想。即使是全媒体传播时代自媒体高度发达，各种各类网络语言、网络符号交流平台层出不穷，也要把握发声的时机地点（落点），展现出全媒体文化人的应有气质。

三、兼收并蓄

全媒体传播文化素养需要具有较全面的知识体系，在学习中思辨锻造成器成型，在实践锤炼中日积月累。全媒体传播文化修养不是天上掉下来的，而是在人们认识、改造自然和社会的过程中逐步产生和发展起来的，需要吸取外界养分，兼收并蓄各种有益文化知识。

全媒体传播文化修养的提升需要依托物质载体，只有在意识到相关知识储备匮乏的同时，借助参加文体活动，读经典书籍，多浏览新闻来增加社会阅历，才能提高文化修养。多看书多思考，是塑造和改变文化气质的攀登云梯，唯有一步一个脚印"抓地有痕"前行，才能够达到全媒体传播文化修炼的崇高境界。

四、尊重原创

全媒体传播文化素养的培育，还体现在尊重原创作品（包括创作与再创作）。无论是 QQ 群、微信朋友圈、视频直播弹幕等的自创文字作品、图片作品、音视频作品，还是通过技术手段加工改造的全媒体文化产品"多棱镜""万花筒"，都是全媒体传播文化源泉，都需要一定文学功力，需要一定艺术修为，需要一定技术能力作保障。

2013 年，手机百度推出了"为你写诗" App，受众拍摄或上传一张图片，融媒智能系统就根据图片内容自动生成一首四句的古诗。2016 年，百度公司在手机百度 App 和度秘 App 上先后推出升级版"为你写诗"，可以让受众任意输入题目生成古诗，深受受众拥戴。谷歌旗下 DeepMind 公司戴密斯·哈萨比斯领衔的团队所开发的智能系统"阿尔法围棋"，通过视觉感知"深度学习"获得"棋感"，实现了符号主义、连接主义、行为主义和统计学习"四剑合璧"，最终超越人类。此类受众在认知系统工作原理和体验上述产品过程中，自然而然习得全媒体文化素养。

第六章 艺术素养

艺术素养在传统媒体时代局限在专业人士，像负责报纸杂志封面设计、版式设计、彩页设计等的美工，广播电视后期制作的声像合成及灯光舞美，其他采编人员管理人员只需要具备基本正确的艺术观念和一定的审美情趣即可。到了"人人皆媒"全程传播、全息传播并追求全效传播的全媒体时代，艺术与科技紧密相连，艺术与传播紧密相连，传播科技创造时代艺术、再造时代艺术。全媒体时代的全员传播意味着每一个传者和受者，在每一个传播链环中时刻可能感受着、享受着艺术魅力，也在无时无刻意识到全媒体传播艺术素养渗透到了全程传播全息传播的全系统。全媒体科技发展到何种程度，全媒体艺术就能进步到何种程度，全媒体素养培育也是水涨船高。随着传播技术和传播艺术的融合勃兴，全媒体艺术素养培育与时俱进。

第一节 定义与价值

全媒体艺术素养是艺术人才发展壮大的必然选择，也酝酿着一个巨大的教育培训产业。当前，全球艺术产业面临着由传统媒体向新媒体平台全面倾斜的时代变局，艺术产业全球化和全媒体化不可逆转，具备全媒体技术、电信通信技术又通晓广告学、新闻传播学、市场营销学知识的交叉型复合型人才，成为当下与未来世界广告攻坚克难摧城拔寨的重要力量。

全媒体艺术素养指的是艺术传播者与受众基于5G赋能和媒介融合背景所应具备的艺术理论、艺术技术和艺术创造等审美涵养，涵盖全媒体视频艺术、全媒体场景艺术、全媒体文图艺术、全媒体播音主持艺术、全媒体检索艺术等全媒体艺术修养。全媒体艺术呈现传统媒介艺术与新兴媒介艺术、艺术传者与艺术与受者之间双向互动艺术、并存交融关系艺术等，是多媒介艺术相互交融、跨媒介艺术传播、艺术家与观众的角色互换、多重艺术文本的交相辉映，由此产生多样化的艺术欣赏场景，出现日常媒介接触习惯所形成的不同公众群体间相互独立的艺术鉴赏状况。自从20世纪90年代中期以来，全媒体技术与娱乐发展逐渐有了联系，这来源于当代艺术家与软件设计师把全媒体生命设计引入日常生活的新背景。在计算机互动艺术领域影响力杰出的专家佐梅雷尔和米尼奥诺等，创作出了"生命的空间"系列作品，设置一个为用户提供灵活自我的互动设计系统。用户输入一段随机性文字作为基因密码，"文本到形象编辑器"就可以将客户的"定制式"文字转换成三维自主性行为的生物，就可实现与自己私人定制的艺术品共享审美情趣，共娱互动之乐。

近年来，智能机器人开始涉足诗歌创作领域、书画创作和作词谱曲。化身为"少女诗人"的微软小冰，"师从"中国519位古现代诗人，经过6 000分钟10 000次的迭代学习，在2016年就创作了70 928首现代诗，从中精心挑选139首结集出版成诗集《阳光失了玻璃窗》。

美国罗格斯大学的艺术与全媒体实验室，是全球顶级全媒体绘画生产基地，该基地所创作的油画作品"真假难辨"。2016年底，艾哈迈德教授把几十幅融媒智能化生产的画作和博物馆馆藏级的油画混合在一起，搞了一次图灵测试，想看看人们是否能分辨出真假画作，结果是受试者无法分辨哪些是人类的画作，哪些是智能化生产的油画，而且融媒智能化画作常常被认为"更新颖""更具审美吸引力"。

全媒体技术对人类的模仿和再创造刚刚起步，谷歌和索尼等公司为了开发音乐市场，都在积极研发智能化谱曲、弹琴的功能。音乐人士只要随意输入简单的音符，智能机器人便可以自己谱曲自己演奏。智能创作的交响曲已经在很多国家和地区登上大雅之堂，在舞台上的精湛演出让观众如醉如痴赞叹不已。

电影艺术创作同样经历着全媒体技术应用的过程，只需要提供一个好的故事素材，让全媒体机器智能人帮你实现就行了。荣获 2017 年第 15 届布达佩斯国际动画电影节最佳动画长片奖的《大鱼海棠》，故事创意按照受众需要展开并寻找片段组合，达到了主题、意义和商业目标的最佳融合。

全媒体艺术是人类特有的思想表达方式，或浪漫或豪迈，或忧愁或愉悦，或痛苦或欢快，或愤怒或开怀，每一件艺术作品都代表作者独一无二的经历与心境，代表着受众与作者的零距离对话。

一、丰富艺术内涵

5G 技术与媒介融合的勃兴，不断扩大到艺术应用领域，推进全媒体理论和技术不断进步与完善，不断丰富传播者与受众的全媒体艺术素养内涵。随着人们生活水平的提高，全媒体艺术产品越来越多地进入普通人的生活领域，可以被人们广泛而轻易地接触和欣赏。由导演斯皮尔伯格拍摄制作的科幻影片《人工智能》将智媒体中的人工生命由一个遥远陌生的概念变为亲密熟悉的"活人"，让我们进一步领略全媒体的奥秘，电影《HER》让我们对生动鲜活富有灵性的虚拟人物的"艺术表现"大为惊叹。艺术家和智能传播技术人员相互配合，按照欣赏者的个人偏好和审美情趣，从形式和理念上进行技术创造和艺术升华，充分发挥艺术这一最佳调和手段的潜质，使更多富有技术含量的艺术作品走进千家万户。全媒体技术在创作艺术品方面已经发展到了将影响整个美术体系构成的阶段，艺术家通过智能学习技术不断接受全媒体技术所创作的艺术产品，借鉴并制作自身产品——诗歌、小说、编剧、音乐、音视频节目、歌曲或艺术品等。

二、降低创作成本

良好的全媒体艺术素养，可以拉近传播者与受众的距离，实现创作者降低成本、传播者与受众有机融合、可持续性社会艺术舆论氛围和大众艺术广泛传播等效果。中国艺术家将全媒智能化技术应用于中华传统艺术创作方面，让中华艺术老字号"老树新花"，能够在保持人类大师级的独一艺术品创作水平的同时，让全媒体技术对其深度学习，从而实现艺术衍生品的量产化，能够通过降价不降质的方式进入寻常百姓家。

创作一幅艺术作品需要花费大量的时间与精力成本，费用相当高昂，这就使得很多优秀的艺术作品沦为小众爱好者的藏品，普通人很难接触到高质量的艺术作品。全媒体智能绘画系统正在彻底改变这一现状，可实现传播者与受众的有机融合。智能化全媒体技术的融入，具有加深艺术内涵，提高生产和产出，加快创作速度，降低艺术创作成本等优势。作曲家、画家或诗人等艺术家可以将高精尖技术导入艺术领域，依靠全媒体技术来实现高质量高水平艺术作品输出，源源不断提供全媒体艺术精神食粮。由 Google 开发的融媒智能算法 AutoDraw，可以根据艺术家制作的草图轮廓，猜测所需的信息输出并提供艺术作品选项，取得降低艺术创作成本的预想效果。

三、营造艺术氛围

倘若全媒体艺术成为整个艺术行业创作的主流，那么也就预示着单纯人类艺术创作的价值正在降低，艺术家观念上需要变革，需要与时代潮流相一致。艺术作品之所以能够在价值上有所体现，其原因在于人类情感与精神世界通过艺术形式进行再现，艺术作品，尤其是人类自主创作的绘画作品，也许正面临着类似挑战。全媒体艺术可促进我们转变观念、与科技时代发展同步，共同营造可持续性社会艺术舆论氛围，促进大众艺术广泛传播。智能化全媒体技术试图模仿人类大脑的功能，想象视觉或构图并将它们置于某种艺术形式，但仍然不能像人类大脑那样"有温度""有情感"地思考，不会在完全独立的状态下创作出奇妙的艺术品，只能充当艺术家的补充辅助工具。全媒体技术提高了艺术创作的效率、强化准确率和投入产出效率，在可以预见的将来会发挥更大的功效，创作更多更优的艺术产品。

全媒体艺术素养的培养，有利于缩短普通受众与艺术之间的距离，用更全面的介绍、更有兴趣的引导以及更"见多识广"的鉴赏分析，让普通人知晓艺术，也让一些艺术创作者更有效传播艺术作品，更便捷实现全效全息艺术生产和营销活动，形成一种"量产"和"质优"的高度融合。

第二节　主要特征

全媒体艺术与传统艺术的关系，不是取代与被取代的关系，而是相辅相成、互为协作、互为促进的关系。全媒体艺术素养与全媒体艺术的关系，既有人类创意的灵感偶发、人类智慧的激情创作，还有全媒体智能人的艺术呈现、艺术重现和艺术再造。如果说人类艺术是原创艺术，那么智能艺术是呈现艺术、重现艺术、复写艺术、复制艺术和再造艺术，包括了人工智能艺术和类人脑创意功能。类人脑创意功能是指将艺术家与科学家的专业理论及技能以全媒体化算法形式赋予全媒体系统自主性设计、生产、检测等角色，从而得到了无法复制、颇具欣赏价值的艺术产品。

人类艺术是通过审美创造活动再现现实和表现情感理想，在想象中实现审美主体及客体的相互对象化的过程。全媒体艺术要想取得理想效果，也要经历以上审美自主和人机互动的过程。人类艺术就是人的知识、情感、理想、意念等综合性心理活动的有机产物，是人们现实生活和精神世界的形象表现。人类为了表达这些深存在内心的最强烈的感情和思想，就使用绘画、雕刻、建筑、文学、音乐、戏剧、舞蹈、电影等艺术手法，满足受众心理、情感及审美等方面的实用性需要。全媒体艺术素养是一种融会了传统大众传播、泛众自传播和智能传播的全媒体艺术要素，是与科学技术的进步紧密相连的文化基因。随着计算机科学不断发展，全媒体艺术素养的内涵也越来越丰富。当代的全媒体艺术素养一般包括全媒体摄影录像艺术、全媒体广告艺术、网络艺术、虚拟主持艺术和全媒体场景艺术等，具有组合性、概念性、创意性、互动性、时效性、虚拟性、技术性、连接性等属性。

一、组合性

全媒体艺术素养的组合性是指在全媒体具体传播过程中，"艺术化"使用报纸、杂志、广播、电视等传统媒体传播以及电话传播、传真传播、电子邮件传播、网站传播、短信传播、QQ 传播、微信传播等交错应用、组合应用或立体应用。这类"组合素养"，也是最容易被忽略又是最有价值的全媒体艺术素养。对于官方性的、非常正式、非常重要、非常正规的信息传播，首先考虑传真传播、传统媒体传播或新型主流媒体传播；对于个体间比较重要的信息传递，应考虑电话传播、电子邮件传播以及其他新媒体传播的组合应用。即使在应用某一种全媒体传播形式时，同样需要考量单一的语词组合表情包组合及语词表情包全组合。

微信已经成为我们工作生活中必不可少的沟通工具，微信聊天懂礼仪有素养成为人们信息交流的基本要件。及时回复他人的微信，适当而礼貌地处置对方发的没有兴趣的微信，在汇报工作或者有其他重要且复杂的事项需要和他人沟通时，尽量使用言简意赅的文字而不是只顾自己方便用语音传播等，都是微信传播的基本要求。微信聊天时适当加个表情符号会让人产生亲近感，可能更直观地表达自己的情绪，也能通过符号释放出你的善意和愿意与对方沟通互动的心意，活跃聊天气氛，但是要充分考虑到"代际传播"。

二、观念性和创意性

全媒体艺术素养侧重于创作主体的艺术理想或创意观念的表达，全媒体技术与设备主体（即全媒体技术与设备管理者、策划者、传播者）的思维观念和传播创意，直接或间接影响到全媒体技术与设备的艺术创作、艺术表达、艺术表现和艺术检视，从而形成全媒体艺术素养培育的观念性和创意性这一突出特征。观念性和创意性的根源，来自未来主义，而未来主义又十分注重理论的倾向性表达和创新性展现，那些关乎未来主义的作品都体现出浓厚的观念性和创意性。例如白南准等代表未来主义风格的大部分作品都带有明显的思想性和批判性特质，这些特质体现了全媒体艺术素养的主要内涵。

在"没有做不到只有想不到"的5G赋能时代，人类充分开启脑动能、充分舒展智慧创意至关重要，创意力度、创意高度、创意深度在某种程度代表着全媒体艺术素养的水平，也决定着全媒体艺术传播品牌张力和产业拓展的性能效益。

三、人机互动性和时效性

在全媒体艺术素养体系中，全媒体不仅是艺术具象的承载者，同时也是各式各样传播载体的聚合，这就决定了它与受众具有互动性及内容传播的时效性。这种互动不单纯是作者与作品的互动，还是作品与受众、受众与受众之间的互动。无论如何参与互动，都是通过形成一定的互动方式，或触摸，或移动，或感应等来引发作品内容与形式的一系列转化，使原本的互动空间变得活泛起来、灵动起来。

智能传播机器人的出现与广泛应用，已经在智能主播艺术、智能广告艺术、智能场景艺术等方面大放异彩，有些智能主播就是多个传统电视主播集于一身的"多面人"，时刻让受众体会到智能传播艺术"人机互动""人机联动"的时刻存在。通过全媒体传播技术与传统传播人物的联系，增强了全媒体传播艺术的趣味性、娱乐性，自然增强了全媒体传播效果。

四、虚拟性、技术性和连接性

全媒体艺术素养的空间扩展，能够带来许多未知的可能性，这是它的独特魅力之一。"虚拟性"可以让虚拟现实的作品超越时空性、超越现实性,并且实现虚拟与现实的瞬间连线、瞬间对话。全媒体艺术素养以全媒体技术为基础,在技术普及的背景下不断发展,多种新艺术门类总会跳跃出来给受众以惊喜,不断呈现纷繁的感官体验,技术创新始终贯穿于艺术创造、艺术再造全过程全体系。

全媒体艺术创作素养、全媒体艺术传播素养、全媒体艺术产业素养等,势必要通过连接各种元素、各种形式、各种手段,全身心地融入艺术和科技内涵,进而使作品与受众产生互动效应,最后导致转化和出现新产品这一连贯过程。在这种无约束的全媒体艺术空间中,"全员传播"用户在"全程传播"进程中可以极尽可能地变换身份,并产生新的客户群,以虚拟性、技术性和连接性技术手段抓住用户的眼球,提升艺术传播功效和艺术传播价值。

第三节　培育路径

如何培育全媒体艺术素养,造就合格的专业化艺术人才,是一次前所未有的艺术素质养成或艺术人才培育的挑战。全媒体新闻报道、全媒体广告、全媒体场景等全媒体传播形态甚为普遍。智能广告在现代广告领域的实践应用,已经抢先一步于相关理论研究出现在融媒平台,全媒体艺术人才的稀缺,特别是高端复合型全媒体技术与设备人才的稀缺,已经越来越成为全媒体传播行业、全媒体广告行业健康有序发展的障碍,选择好全媒体艺术素养培育路径的紧迫性已势在必行,在智能主播等专业场景、家居零售交通等日常生活以及推进因材施教的专门化教育等正在进入全面跃升全媒体艺术素养的议事日程。

一、专业场景

艺术是人们为了更好地满足自己对主观缺憾的慰藉需求和情感器官的行为需求而创造出的一种文化现象。全媒体场景艺术具有娱乐性和社会性双重功能。娱乐是人们在日常生活中进行游戏的一种特殊方式,又是人们进行情感交流的一种重要手段。艺术文化的社会功能存在明显的差异,这种差异无论从理论上还是实践上都有着被认真关注的必要。

全媒体场景艺术离不开艺术文化表达语言、文字和图像等的基本形式,离不开人们用语言、文字和图像创造出虚拟的社会生活。全媒体艺术素养发生的基础,是人类的语言、文字与图像,而有效的艺术创造必须借助于语言、文字和图像,所以艺术素养培育与艺术创造两者是相向而行的。人类有什么样的语言、文字和图像形式,就会有什么样的艺术形态。不借助语言和图像的所谓艺术创造,只能是普通的游戏创造。在娱乐功能层面上,艺术与娱乐具有同等重要的存在价值和发展价值。可见,素养、创造和娱乐三者在全媒体艺术素养培育过程中是相辅相成的,可实现三轨并行驱动的功效。

目前,智能化全媒体在感知、记忆、应对、决策等方面显示出某种与人类全媒体相似特征,全媒体场景艺术随时都在应用于电视节目制作现场和电影电视剧拍摄合成厂棚,"环境拟态"变得轻而易举,"议程设置"唾手可得。虚拟场景下的艺术素养培育,集中表现于虚拟主持艺术场景,亦即基于数字技术处理在广播、网络等通信传媒与受众之间形成交互的仿真人形象。随着全媒体技术的发展,虚拟主持人会逐渐向接近人脑功能的仿真主持人方向发展。虚拟主持人结合全媒体技术和动作捕捉训练等技术,模拟主持人的口语表达、脸部表情、手势、形体运动及场景互动等。在全媒体时代,3D 图像重建技术可协助人类在社交、娱乐、医疗等多个领域探索更多"迷人"的可能性。在不远的未来,人们在社交网络上不再满足于用一串字符、一个 ID、一张图片诠释简单的自己,而是希望拥有自己独一无二的虚拟形象,用黑科技创造出一个说话、长相,甚至行为举止与本人高度一致的虚拟形象。到了强人工智能阶段,全媒体技术与设备时代的虚拟主持人和现实主持人的区别就微乎其微了。

二、日常生活

大数据是全媒体的催化剂，5G 边缘计算将使智能人、自动驾驶汽车、可穿戴设备、无人驾驶飞机和其他对网络延迟敏感的系统如 VR、AR 等，整合为一个微数据中心。全媒体艺术素养培育，离不开智慧化衣食住行的家居艺术、交通出行艺术、医疗卫生艺术等日常生活的全方位滋养。

全媒体家居基于物联网技术，通过全媒体硬件、软件系统、云计算平台构成一套完整的家居生态圈，用户可以进行远程控制设备，设备间可以互联互通，并进行自我学习或深度学习，家居环境的安全性、节能性、便捷性便可以得到整体优化。随着全媒体语音技术的发展，融媒智能化音箱成为一个爆发点。小米、天猫、Rokid 等企业纷纷推出自身的融媒智能化音箱，不仅成功打开家居市场，也为未来更多的全媒体家居用品培养了用户体验和消费习惯。目前家居市场全媒体产品种类繁杂，如何打通这些产品之间的沟通壁垒以及建立安全可靠的全媒体家居服务环境，是全媒体家居行业艺术滋养下一步的发力点。

全媒体在零售领域的应用十分广泛，无人便利店、智慧供应链、客流全媒体统计、无人仓、无人车、无人飞机等都是热门方向。京东自主研发的无人仓采用大量全媒体物流智能人进行协同、配合和运营。通过全媒体深度学习、图像全媒体识别、大数据应用等技术，工业智能人可以进行自主的判断和行为，完成各种复杂的任务，在商品分拣、运输、出库等环节实现自动化。例如，图普科技将全媒体技术应用于客流统计，通过人脸识别客流统计功能，门店可以从性别、年龄、表情、新老顾客、滞留时长等维度建立到店客流用户画像，为调整运营策略提供数据支撑，帮助门店全面提升运营的转换率。智慧化零售艺术素养培育，也是全媒体艺术素养习得或养成的必要内容。

全媒体交通系统（ITS）是通信、信息和控制技术全媒体化应用的交通系统，应用最广泛的国家是日本，其次是美国及欧盟国家。目前，我国在 ITS 方面的应用主要是通过交通系统中的车辆流量、行车速度进行采集和分析，对交通进行适时全媒体化监控和调度，有效提高通行能力、简化交通管理程序、降低环境污染等。智慧化交通艺术是智慧城市建设的重要内容，其艺术涵养培养形成全媒体公民社会艺术素质培育的关键性内容。

三、专门教育

全媒体艺术素养的专门教育，可以考虑在高等院校基础艺术教育和中小学基础艺术教育的基础上进行，在媒体融合向纵深发展到全媒体传播与中央高度重视中小学艺术素质教育双重利好背景加持下，将之纳入中小学素质教育和全民族全媒体传播素养教育体系之中。

2008年9月，教育部为了进一步加强和改进中小学艺术教育活动，更好地发挥艺术教育在全面推进素质教育中应有的作用，颁布了《教育部关于进一步加强中小学艺术教育的意见》（以下简称《意见》），为推进提高全媒体艺术素养专门化教育创造良好条件。《意见》指出，中小学艺术教育活动是学校艺术教育的重要组成部分，是校园文化建设的重要载体，是实施素质教育的重要途径，对于丰富中小学生的精神文化生活，提高中小学生的艺术修养和审美素质，培养创新精神和实践能力，促进德智体美全面发展，具有重要作用。《意见》明确提出，中小学艺术教育活动要以育人为宗旨，坚持先进文化导向，体现"向真、向善、向美、向上"的校园文化特质，引导学生树立正确的审美观念，帮助学生培养健康的审美情趣，陶冶情操，提高感受美、鉴赏美、表现美、创造美的能力，促进学生全面发展。艺术教育活动的内容要贴近校园生活，符合学生的认知水平和心理特点。中小学艺术活动的形式要丰富多样，生动活泼，为学生所喜闻乐见，能产生良好的育人效果。开展艺术教育活动要从实际出发，因地制宜，讲究实效，注重活动过程，坚持勤俭和量力而行的原则，提倡开展小型、分散、灵活、多样的艺术活动，坚持课内与课外、校内与校外、普及与提高相结合的原则。学校要建立声乐、器乐、舞蹈、戏剧、美术、书法、陶艺、工艺、摄影等多种课外艺术活动兴趣小组，同时要积极创造条件，组建学生艺术团，发挥艺术特长学生的骨干作用，形成本校、本地艺术活动的特色和传统。

我国一些企业未雨绸缪，率先开始探索融媒智能化技术在教育领域的应用。这些公司通过图像识别，进行智能批改试卷、识题答题等事项，通过语音识别纠正、改进发音，人机交互进行在线答疑解惑等工作。全媒体技术和教育的结合，一定程度上可以改善教育行业师资分布不均衡、教育费用高昂等问题，从工具层面给师生提供更有效的学习方式。全媒体教育艺术素养培育以及对于中小学艺术素质教育和高等院校科研院所等的全媒体艺术素养专业教育任重而道远。

第四节　创新创造

全媒体艺术素养培育的终极目标，在于全面提升全媒体传播艺术创作者、艺术传播者和艺术受众等的全媒体艺术创新创造能力。全媒体艺术创新创造能力培养是艺术素养的内核所在，其所包含的全媒体艺术内涵贯穿于全媒体艺术素养培育的整个过程。只有具备良好的全媒体艺术素养，具有超高艺术智慧和超强艺术灵感，才能创作或赏识全媒体艺术作品，才能够实现全媒体艺术素养传播的高效高能。

全媒体艺术素养在艺术创作领域的表现水准与人的情感、阅历、经验、思维等密切相关，现阶段的全媒体艺术创作作品还限于模仿或更简单制造的阶段，显然还不具备自然人类的人格特征，还在朝着个性化、人格化、情感化方向努力。在北京某大型设计展上，一个企业展示了他们运用3D打印技术制作的工艺品，有金属、树脂等各色材质，向用户还提供定制服务，其雕琢的细致和精美程度是人们手工操作难以达到的，足可以媲美那些有几十年功底的技艺大师的作品。可见，全媒体艺术产品成本在下降，其市场潜力在全面提升，全媒体艺术素养优质人才将是全媒体艺术市场的香饽饽。

一、历史渊源

人类自诞生以来，就一直在通过创造工具来帮助甚至替代自己劳动及进行艺术创作。从陶器、铁器、铜器的分门别类开发到风车、指南针、纺纱机等的发明创造，无不印证着手工艺技术与生活工作及艺术创作的密切关联。在探索全媒体技艺的过程中，科学创造科技创新同样扮演着重要角色。随着智能化全媒体技术的飞速发展，许多科技公司、研究机构和个人都在探索利用全媒体技术进行艺术创作。在音乐、诗歌、绘画、舞蹈、电影、小说等领域，我们都已经看到全媒体技术创造创新的身影。2015年，谷歌就推出全媒体系统DeepDream，识别图像，重新作画。2016年，IBM的全媒体Watson完成电影《摩根》的预告片的剪辑。同年，索尼的全媒体FlowMachines创作出一首具有披头士乐队风格的流行歌曲。日本团队研发的全媒体系统所创作的科幻小说《电脑写小说的那一天》，骗过所有人类评审，成功入围日本微小说文学奖。2017年，MIT打造出能够创作恐怖小说的全媒体技术系统Shelley，亚马逊语音助手Alexa推出DeepMusic，为目标用户提供全媒体创作的歌曲。2021年3月，兰博基尼与亚马逊合作推出的Alexa语音助手已支持兰博基尼最新的Huracán EVO跑车，用户可以像控制智能家居设备那样操控车内空调等设备。

二、艺术创造

全媒体技术的发展，固然对艺术界的内部生态形态构成了重大冲击，但只要人类艺术家和广大受众看清楚智能运作的本质，找到以长克短之策，人类的艺术之花依然能在智能传播时代继续绽放。上述这些例子充分说明，无论是人类还是智能人，都在刻意追求质量优、技术精的一流全媒体艺术作品，都需要具备全媒体艺术创新素养、全媒体艺术创造素养。如果缺失相关知识结构，受众内心就像失去一根"主心骨"，在艺术审美方面就陷入迷茫之中。

全媒体是理性的，而人类除了理性还要表达情感，艺术创作和由此产生的艺术作品最显著的特点是基于人的感性所产生。人们可以通过全媒体来展示自己的创意，表达自己的感情。把全媒体作为实现艺术创作的手段，是现在艺术工作者尝试的重点。

很多人对于艺术创作，尤其是绘画作品，并没有先天性的基因以及后天的培养，更多的人只是希望通过自己的想法与工具的帮助来实现自己对于艺术创作的追求，但创作的门槛和要求是非常高的，这就使得艺术与人的距离很遥远。全媒体艺术创造能力培育就是要把受众与创造作品、受众心理与创造技术之间的距离拉近，使技术隔阂和情感障碍消除，有效建立起艺术作品、创作者和用户之间的无缝衔接，使其更容易创作出用户所需的艺术作品。著名建筑师扎哈·哈德迪被世人公认为天才，作品包括了中国的广州大剧院、南京青奥中心、北京银河 SOHO 建筑群等世界著名艺术品。哈德迪创造的这些闻名于世的梦幻建筑，外观造型场景营造都只是提出了概念勾画出大致轮廓，最后的大量工作程序处理则是移交给大型计算机，美轮美奂的建筑内部结构、空间布局、线条造型等都是由数学模型来完成的。通过大量阅读的算法系统，可实现人类预想的艺术创造。

全媒体艺术创造能力的培养，包括了态度、行为、情感、关注、习惯和兴趣等感情共振因素。在后现代艺术作品中，克制情感已成为普遍倾向，在智能化全媒体面前，人类艺术中的情感元素并无优势。进入信息时代之后，那些需要学徒吃苦耐劳的艺术复制环节逐渐被相对轻松的数码加工所取代；那些需要真人演员通过涉险展示勇气与才华的角色逐渐被数码特效所取代；那些本来仰仗天才、灵感、直觉、顿悟的领域渐渐为全媒体技术所蚕食，印证了全媒体艺术创造能力培养需要培育更多的与全媒体创造不相重复的多层次艺术专业或艺术通识人才。

三、艺术再造

进入 21 世纪以来，人们就不断尝试用计算机创作美术、音乐、文学等作品，谈论"智能思维""算法思维""电脑创造性"等问题，智能人已经在新闻写作、动漫生成中获得应用，全媒体图像软件已经逐渐在建筑设计等领域获得推广，"人人都可以成为艺术家"逐渐由空想变成了现实。如果说信息时代宣称"信息化个体都可以成为艺术家"，那么全媒体时代则预示"数据化共享者都可以成为艺术再造者"。时代不同，要求艺术再造素养培育的内容也不同。亚里士多德认为艺术家分享神的创造力，这是艺术的价值所在，而今天用户同样分享智能化全媒体所提供的再造作品，消费着智慧化艺术系统。

在未来人机共存、机脑融合的智能化全媒体传播世界里，全媒体艺术必然会拥有自身的内在价值。正如人类所推动的近代科技给人类自身提供了物质文明，高度全媒体化的智能人也会给人类提供艺术性精神财富。传统媒体时代的艺术创作是对人类的模仿加工改造，而全媒体传播时代则是通过大量学习借鉴，开拓再创造出对未知空间的丰富想象。人类艺术家只需要提出想法，然后借助人机协调机脑融合的全媒体智能系统完成创作挥洒再创作。

在培养全媒体艺术再造能力时需要制定前瞻性目标和规划，将未来艺术智能传播的功能和属性充分考虑进去，为未来合格的艺术素养者的培养做出有价值的探索。科学家们让智能化全媒体的学习能力远超过人类，艺术家并不是和一个简单的智能在比输赢，而是在和数百年来无数个科学家所积累出的成果比拼。全媒体艺术再造能力包含艺术专业技能的创作模仿和对已知创作作品的再生产。如何全面提升全媒体艺术再造素养，是当今教育者必须考虑的重大课题。只有全面提升广大受众全媒体艺术再造素养，智能化艺术产品及其创作过程才能不再神秘化和暗箱化。因此，全媒体艺术再造素养培育，应添加神经科学和社会心理学方面的内容，帮助受众充分了解网络神经反应的工作机理，走出艺术神秘感，走向艺术释然。

全媒体艺术再造的发展，有两种分叉思路。一是未来的智能人将融入更多自己的情感与记忆，将对如何定义"艺术"这个概念产生巨大的冲击。全媒体通过自我的衍化产生类似精神世界与情感记忆的代码,这种全媒体化艺术再现手法究竟能不能成为真正的艺术,还有待于科学论证和历史验证。二是未来全媒体艺术系统将会在情感和记忆方面进行进一步延展,通过自主学习让全媒体技术系统能够找到更多的自我意识,从而通过样本的不断累积,创作出更多的精彩作品。

诚然,总有一些艺术内容是智能融媒无法复制、无法超越的,这部分内容代表人脑的创造力和创意意识,代表人类的独特性与价值取向,而这部分内容在人类创造的艺术形式中将得以最大限度地发挥和释放。一方面,它承载着科技创新的巨大能量,不断刷新人类对未知世界和极限领域的认知,改变人类的生活习惯和生产方式。另一方面,当智能化全媒体进入艺术领域,可以让经典艺术家复活,依据一定的逻辑继续创造作品、升华作品审美价值。在这种情况下,全媒体与艺术创造艺术再造的关系,艺术家与艺术价值的认定等问题,就需要进行重新考量和干预性界定。

第七章 创意素养

全媒体创意素养指的是为了满足传统媒介创意文化和新兴媒体创意文化融合的全媒体化新需求，对于创作者、传播者和受众授以全媒体技术与全媒体手段的全媒体创意思维、创意路径、创意方式和创意管理等有创造性意识和构想的知识、理念和技能等的综合全面要求。5G时代的智慧赋能，营造出海量的全媒体传播终端，传统媒体和新兴媒体的传播内容传输有了更宽广、更博大的承载空间，全媒体传播的创意环境发生了翻天覆地的变化，全媒体创意思维带动下的全媒体传播想象力、创造力得以无穷释放，全媒体传播内容的创意场景、创意版块和创意广告给创意培育对象带来一片崭新的创意洞天。

在"没有做不到只有想不到"的5G赋能全媒体传播时代，创意素养决定着全媒体传播素养既有目标的实现，是道德素养、文化素养、艺术素养提升发展的动力源泉。道德素养在某种意义上决定着全媒体传播体系的发展方向，决定着全媒体传播正能量、负能量、融合能量的合理协调。文化素养诠释了全媒体传播的发展底蕴，书写着全媒体传播的精神内核、精神要义。全媒体传播艺术素养厘定着全媒体传播的高雅深邃，勾连起远古与现代的穿越融汇，技术素养支撑起全媒体传播体系的传播形式链、传播内容链、传播产业链，催生出更多更新的传播形式、传播载体，进而创造出更为多姿多彩的产业链环。

第一节 理念培养

创意是创新意识、创造意识的简称，是在对现实存在事物的理解以及自我认知基础上衍生出的一种新的抽象思维和行为潜能，简而言之就是意识创新，就是观念创新、理念创新。创意环境是全媒体创意素养生成的温床，是全媒体创意素养发展的基础。中国社会经济文化发展进步，创意创造成为国家主旋律，这营造出全媒体创意素养发展成长的良好外部环境。

近年来，"创新创意是引领发展的第一动力"被多次提及。党的十八届五中全会提出创新、协调、绿色、开放、共享五大发展理念，把创新创意放在首要位置，以创新创意引领协调、绿色、开放、共享发展理念，突出了创新创意的重要性。习近平在 2017 年 10 月在中国共产党第十九次全国代表大会上的报告中指出，创新是一个民族进步的灵魂，是一个国家兴旺发达的不竭源泉。创新是引领发展的第一动力，是建设现代化经济体系的战略支撑。要瞄准世界科技前沿，强化基础研究，实现前瞻性基础研究、引领性原创成果重大突破。坚持创新发展，就必须把创新摆在国家发展全局的核心位置，不断推进理论创新、制度创新、科技创新、文化创新等各方面的创新，让创新贯穿党和国家一切工作，让创新在全社会蔚然成风。创新创意就是一个国家和民族发展进步的源头活水，只有创新，才能占得先机、取得优势、赢得未来。①

党的十八大以来，形成了一整套关于创新创意的顶层话语体系，这些顶层话语体系为我国创新创意的发展创造了良好的政策和制度环境，为创新创意时代奠定基础，指明方向。在很长一段时间里，创意仅仅与某些专业和行业相关，比如广告创意、设计创意、形象创意和产业创意等。今天，创新创意已经溢出某些特定行业，成为全社会几乎各个行业、各个领域都在努力践行的理念和价值。从专业化创意到社会化创意，从职业化创意到全民创意，从特定行业创意到全领域创意，标志着社会活力和创造力的整体提升。中国主导的 5G 商用，铺就出中国特色智慧赋能宽广通道，给全媒体创意素养提供了无垠的链接平台和展示舞台。中国三网融合不断

---

① 郭建宁. 创新是引领发展的第一动力 [EB/OL]. (2020-07-08) [2020-09-09]. http://news.cnr.cn/native/gd/20200708/t 20200708_ 525159120. shtml.

深入和媒介融合向纵深发展，传统媒体和新兴媒体聚合而成的全媒体，迫切需要创新创意大展身手。这些内外一致、压力动力兼具的全媒体创意素养环境，催发全媒体创意生根开花、茁壮成长。

一、社会共识

纵观中国40年改革开放的发展历史，就是一部破旧立新的创意史。党的十八大以来，在以习近平同志为核心的党中央坚强领导下，中国政府和人民坚持自主创意，取得了一系列创意创业丰硕成果。从"科学技术是第一生产力"的论断，到"关键核心技术是国之重器"的宣示；从"天眼"探空、"蛟龙"探海，到神舟飞天、高铁奔驰……科技创新在实施创造驱动发展战略、加快新旧动能转换中发挥重大作用。把创新放在发展全局的核心位置，就能紧扣世界科技进步脉搏，顺应全球发展大势，赶上世界创新发展脚步，从后发到先发、从跟跑而领跑，在全球科技变革大潮中挺立潮头。当今中国，将创新创造置于"五大发展理念"之首，是对"创新是一个民族进步的灵魂"的精准把握，指明了我国发展的方向和要求，代表了当今世界发展潮流，体现了我们党对国家兴旺发达的不懈追求，以及对中华民族最深沉的民族禀赋的深刻理解，是共同托举起中华民族伟大复兴中国梦的奋发作为。

当创新创意成为中国国家振兴、民族复兴的主旋律，当媒体创意势不可挡成为新时期传媒产业的强大动力时，全媒体创意素养就迎来了最优裕的社会环境和传媒环境。

二、融合创意

全媒体技术的发展变迁，对现代传播形态的演进具有很强的推进作用。媒体技术的每一次进步，必然促进新型媒介形态的产生和勃兴，进而重塑媒介生态格局。随着5G逐渐进入商业应用，传统媒体和新兴媒体都在思考智慧赋能下丰富的内容资源融入和转化，在视频化、全媒体化、移动化的产品矩阵体系中,构建协同化、一体化、集约化的生产流程,确立场景化、垂直化、社交化的运营思维,为全媒体创意素养营造宽广的发挥舞台。

当下,5G智慧赋能深入人心。5G具有超快速度、超大容量、超低时延、超级保密等传输特点,实现了"人与人、人与物、物与物之间的全链接",无时不在、无所不在、无所不能、无所不包的信息传递正成为现实。5G网络为传媒业创意产品形态、优化用户体验带来更多可能。云计算、VR(虚拟现实)/AR(增强现实)、联网无人机、无线家庭娱乐、社交网络、全媒体、智慧城市等5G的主要应用场景均与传媒业关系密切。在5G时代,主流媒体可以从重构用户关系入手,借助新技术,丰富社交化、全媒体化、移动化的产品矩阵,增强用户体验,增加用户黏性,实现由"平面媒体"到"立体媒体""沉浸式媒体"的升级。可见,5G赋能已成为社会进步的象征,其创新理念作为人类文化的重要部分向纵深演进。

在媒体融合的时代潮流势不可挡的背景下,融合创意已成为全媒体创意素养的重要环节、重要元件。2014年8月18日,习近平主持召开中央全面深化改革小组第四次会议,审议通过《关于推动传统媒体和新兴媒体融合发展的指导意见》。这是我国关于媒体融合发展的顶层设计,自此"媒体融合"上升为国家战略。2019年1月25日,中共中央政治局就全媒体时代和媒体融合发展举行第十二次集体学习。习近平强调,要运用信息革命成果,推动媒体融合向纵深发展,做大做强主流舆论,巩固全党全国人民团结奋斗的共同思想基础,为实现"两个一百年"奋斗目标、实现中华民族伟大复兴的中国梦提供强大精神力量和舆论支持。习近平指出,党报、党刊、党台、党网等主流媒体必须紧跟时代,大胆运用新技术、新机制、新模式,加快融合发展步伐,实现宣传效果的最大化和最优化。

5G时刻,赋予了中国媒体融合向纵深发展更加强劲的技术驱动力,政府管理机构因此有了更多的媒体融合发展选择路径和媒体融合发展模式。以"全程媒体、全员媒体、全息媒体、全效媒体"为国家传播战略的全媒体传播,在5G时刻为发出中国声音、传播中国文化。洞悉5G时代中国媒体融合向纵深发展进程中全媒体传播舆论生态,明确5G时代全媒体传播的基本规律和全素养要求,是习近平"构建全媒体传播格局"之"移动为先""创意为要"的具体行动,是提高全媒体传播效能的必然要求。以高水准的全媒体创意素养武装全媒体人才,成为当下与未来很长时间内中国新闻传播理论与实践的战略抉择。一个个体的全媒体创意素养,决定了在全媒体领域的发展空间;一个群体、一个组织的全媒体创意素养,决定着群体组织的社会地位、传播地位及未来走向;一个国家和地区的全媒体创意素养,代表着国家民族的发展气质,显示出果决胆略、创新意识、突破意识,决定了全媒体传播、全媒体产业的基本走向。

第二节 创意思维

全媒体创意素养培育是一种培养全媒体创意思维意识,打破传统思维观念,颠覆传统思维范式的创造性意念养成过程,是深入挖掘和激活创意资源组合方式进而全面提升创意资源价值的方法探寻过程。全媒体创意素养需要传统媒体机构和新兴媒体机构在全媒体传播时代具有全媒体创意思维,在新闻传播的每一环节都充分考虑到创新创意的紧迫性、必要性和重要性,通过正向、逆向循环等多维思维,彻底根除固化的传统媒体思维方式,以全媒体技术激活创意创造思维细胞,实现全媒体传播资源运用最大化,达成传统媒体和新兴媒体全媒体融合的和谐统一。

一、逆向思维

全媒体创意素养,首先要敢于破除陈规去旧布新,逆向思维就是创意素养屡试不爽的有效尝试。逆向思维即不按常理出牌、想别人想不到的谋略套路。逆向思维亦称求新思维、求异思维或求变思维,是对新闻传播理论与实践中习以为常或已成陈规戒律的事物或观点提出质疑、批评的思考方式。全媒体创意素养培育的计划及其实现，需要全媒体逆向思维意识和决心，需要对传统媒体和新兴媒体的惯常内容配置、采编方式和后期管理提出不同寻常的革命性构思，有些甚至是对原本是自己过去的成功经验以及自己团队的成功范例进行新时期新技术时代的反诹反思，彻底打破条条框框，以互联网思维、全媒体化思维武装整个全媒体传播体系，树立全媒体传播新思想、新形象、新气象。

逆向思维需要自我否定，对自己多年来的传统创新思路、创新路径进行颠覆。逆向思维是一种痛苦抉择，很多时候就要有自我否定的勇气。只有否定自我，才是告别传统思维融入全媒体创意思维的重要一步。在媒介融合全球化、数字化、全媒体化进程中，不少在传统媒体时代建功立业成绩斐然的媒体管理者或传播者，往往会在新兴媒体建设与发展中陷入痛苦彷徨，要么故步自封无所建树，要么排斥异己，拒绝接受新潮技术、新生概念、新生事物，成为"螳臂当车"的新时代前行障碍。

逆向思维是一种既往否定，即对约定俗成甚至盖棺论定的理论与实践成果加以扬弃。这种既往否定特别需要胆魄，需要有气量、有胆魄对过去长时期的成就做一个告别，全身心投入到新事物、新技术的不同寻常的理论与实践之中。既往否定，不仅仅是自我否定，更是对过去数十年上百年一系列的传统思维路径、管理方法的反驳，是对一个个体、一个团队、一个组织机构乃至一个民族的某些习惯的推倒重来。只有敢于自我否定和既往否定，才能够独辟蹊径，从全媒体激烈市场竞争中挣扎上岸，披荆斩棘出一片新天地。

逆向思维务必要破除教条，对官方文件中的"金科玉律"能够进行与时俱进地删校创新，对领袖人物的"语录"、权威人物的"经典"适时加以反思。传统媒体发展存在几十年上百年以来，新闻传播观念和新闻管理制度，包括一些在任领导的指示，都已经成为一个单位、一个机构、一个系统必须遵守的准则信条。尽管很多在传统媒体时代已经不合时宜，在传统媒体和新兴媒体融合发展的全媒体时代，更是5G智慧赋能的前行路障。

唯有破除这些僵化教条，采用创意性思维方式和工作方法，人们才不会再走常规路，采取特殊问题特殊思考，既从起点出发去往终点结论，也从结论倒过来往回推演，从求解回到已知条件，闯出一条思维演绎新路径。

二、联动思维

所谓全媒体联动思维，就是将技术全媒体创意思维、理论全媒体创意思维、互联网思维、人工智能思维、大数据思维、云计算思维等完全贯通一体，实现集中融汇、耦动联动，组构成一种多位一体思维方式。

头脑风暴法是最为人所熟悉的典型联动思维创意策略。联动思维既强调集体思考、集体智慧、群策群力，着重相互碰撞、互相激发的闪击思考，鼓励参与其中的全部成员围绕一个中心主题在一个开放式场合充分展开辩论，寻找智慧闪光点，再在指定时间内集中集体智慧，汇总构想出适合全媒体化的新意念，探索全媒体传播的针对性、有效性策略。

在技术创意时代，全媒体联动思维还要充分注意到全媒体技术引领的重要价值，即以技术创意为主线，将新技术、新发明可能带来的全媒体革命性变化，作为全媒体传播管理制度、人才梯队建设、传播内容创意、传播方式创意和传播效果创意的引路指南。全媒体技术专业人才尽可能了解新闻传播规律，新闻传播专业人员则要深入到技术环节之中，尽可能找到全媒体技术与新闻传播每一个环节链条的密切关联，从而确立联动思维上的创新创意观点和方略。如香农的"信源、信道、信宿"单向传播理论，就是以其高超的数学天赋和扎实的全媒体技术为基础，在传播学领域的联动思维集中爆发所致。

三、灵感思维

灵感爆发所带来的创意，有时候是各种思维方式的集中爆发，有时候就是个人毕生经历的累加激发，是个人毕生智慧的瞬间闪现。有人说，麦克卢汉的很多思维火花源自半夜梦呓，源自与学生、同事交流时的信口开河，还有一些则是他饮酒开怀时的抒情抒发。也有报道说，香农的《信息论》中大量有价值的论述，都是他玩飞盘、玩独轮车、玩棋奕等杂耍时的"豁然开朗""灵光乍现"。上述各种灵感爆发与全媒体灵感思维密不可分，大量的全媒体灵感有利于启发融媒技术的灵感思维。比如，有些灵感思维是在特定环境下被逼迫出来的。这类被逼灵感，其本身就是"命题作文"，而且还有时间限制、主题内容限制，那就更体现创意者的超级智商。20 世纪 90 年代末，笔者担任某周报主编，收到母校清华大学党委宣传部的一篇关于全国高校创意创业大赛的文章。文章内容乏善可陈，而且各大京都的日报、晚报、广播电视台都作了系列报道，要在内容创意上想办法基本上是一条死路。那么，这篇没有退路不得不报道的文章，最后"逼上梁山"在标题上杀出一条血路，被很多媒体竞相转载。标题是，"中国雅虎在行动—记清华大学中国高校创意创业大赛"。这当然有联动思维创意因素，因为笔者联想到雅虎总裁杨致远当年的创意创业起点，就是他在美国斯坦福大学读书期间开始发迹的。

第三节 创意场景

全媒体创意素养，也包括创意场景素养，即从业者与受众需具有把已知或原有的元素打乱并重新进行排列组合，掺融进一些全媒体时代创意性新元素，创意组合成一个全新的立体的全方位的智能化新场景的能力。

一、赛事场景

从 2018 年开始的全球范围的 5G 技术导入的体育赛事直播，全面拉开了 5G 体育赛事传播大剧的帷幕。平昌冬奥会上，5G 直播技术首次出现，让现场观众在 5G 体验区可以从同步视角、全景视角、时间切片三个视角，使用区内提供的 5G 终端设备进行体验。中国的系列马拉松赛事 5G 直播和 CBA 常规赛 5G+真 4K 全程直播等，都是 5G 时刻全媒体体育赛事直播的精彩亮色。

从虚拟现实技术、增强现实画面到高动态范围图像、杜比全景声等等，一个个与体育赛事直播紧密关联的新技术、新场景、新传播，到场球迷和音视频受众可以通过5G网络连接场内的多个无线摄像头，自主选择球员、教练、裁判、看台、全景等不同的视角来观赏各种各类体育赛事，从而获得全新的观赛体验。5G+全媒体叠合叠生的新一代体育赛事直播，给了体育受众亘古未见的视觉体验和感官享受，给了体育受众从试听器官到触发灵魂深处的全情全景震撼，毫无疑问也重新定义了体育赛事，重新定义了体育赛事传播，重新定义了体育传播市场。

体育赛事全媒体直播将体育赛事内容活力和内容张力尽情绽放，赋予了同一场体育赛事更丰富、更广泛的内容变化，赋予了体育赛事直播更庞大、更浑厚的产业扩张，彻底改变了体育赛事直播的传播渠道、传播形式、传播场景、传播内容、传播产业，为受众打开了信息资源综合立体利用的智慧思想，为创意素养培育对象开启了全媒体赛事场景创意思维的有效通道。

二、产业场景

5G的移动带宽海量增大、移动通信功能巨量增强，AR、VR设备的研究开发与实际应用，首先引爆的是NFC（近场通信）、裸眼3D、AR、VR、4K到8K超高清视频等5G时刻的第一大应用场景。5G时刻的第二大应用场景，是海量机器的典型应用。继而展示出5G时刻的第三大应用场景——低能耗大连接。针对同一场赛事不同应用场景的各种元素的App开发，针对不同类型赛事的不同应用场景的各种元素交揉的App开发……所有这些都为5G体育赛事直播的传播内容赋能创造了革命性技术保证，带来了体育传播前所未有的革命性变化，为下一阶段体育赛事直播的产业赋能埋下了伏笔。

依据5G时代的上述三大应用场景，可以畅想的是，在5G网络逐渐铺就、中国媒介融合向纵深发展的全媒体时代，不仅全媒体传播终端因大型体育赛事到来而暴增（第二大应用场景），而且同一场比赛借力"5G+全媒体"而裂变切割出数十个、上百个赛事场景，包括单个选手、单个动作表情局部增强，精彩技术特写串接，战术组合绝妙配合，风格各异、语境各异、情感各异、倾向各异的解说评论，在可预知和未可预知的自媒体、交互媒体、传统媒体构筑成的全媒体平台尽情展现（第三大应用场景），进而形成5G时刻体育赛事直播三大应用场景的交汇交融、交相辉映。

场景创意素养的培育需贯穿5G场景应用的全过程。在5G时代的三大应用场景映照下，一场奥运会男子篮球赛事可以有三大应用维度，可以将赛事主体部分（包括球员、教练、裁判、贵宾、技术、战术、场馆、篮球宝贝、主持人、现场观众、球员服装、球员表情、球员发型、啦啦队、设施）等的变量因子作为"纵坐标"，将解说语言（英语、普通话、粤语、吴语、闽南语、湘川语系、东北语系、西北语系）、解说场景（全景、近景、远景、全覆式）和解说风格（中立版、主队版、客队版和原生态版）等变量因子作为"横坐标"，按照不同需求、不同顺序稍加调配，即可全媒体切换演化成100多种满足不同球迷胃口又可以在5G时代的三大应用场景运用自如的几何排列组合。上述精彩纷呈的智慧场景通过受众现场体验可实现其场景创意情感共鸣和认知升华。

第四节　创意培育

全媒体创意素养的培育没有经验可资借鉴，有关理论也是仁者见仁智者见智。有人认为，全媒体创意需要经验积累，多观察分析别人的作品，久而久之也会有自己的创意路线。唯有在工作生活中时刻注意观察外部事物，并且经常地进行联想与想象，才可能引爆灵感。在为全媒体目标寻找创意时，也要运用"头脑风暴法"进行综合判断分析，寻找相关物象并在脑内将之组合起来。有人觉得，想要创造全媒体新形式、新载体、新产业等新东西,就要先广泛地学习别人做出来的东西,了解了以后才可以尝试去做你心中的东西,运用一定技巧使用合适的软件工具,用得好就可以表达你的想法。还有人指出,全媒体创意设立方向明确的目标结果,限定发散思维的范围。全媒体创意非一日之功,创意思维是一种积累过程,只有在不断地思考与创新中,创意神经才会慢慢发展起来。

上述研究和观点不无道理,唯有兼收并蓄求同存异,清空"内存",无拘无束,既昏昏又昭昭,不再受平时所谓的传播观约束,才可以打开多扇通往异度传播空间的门洞。唯有既追求高山仰止又可望可及,既别出心裁又脚踏实地,在全媒体全体系全链环中坚守创意直觉,体察创意美感,肆意拓展创造力、想象力,并且尽量完善创意图景,才能在全媒体传播内容创新、形式创新、产业创新的大千传播世界里任意翱翔大展宏图。

一、创意直觉

一般认为,直觉是创意的开始,因而有意识发现记录与培养创新创意直觉尤为重要。创意能力是全媒体设计师必须具备的素质,设计师能力的培养在整体上应注重设计师的思维、程序方法及软件制作等方面的训练。培养创意能力,其中主要是设计直觉、感知美的能力、想象力、表现力及设计完善力等。

在成为全媒体设计师之前,必须有计划地进行创意能力的培养,运用科学的学习程序与合理的培养方法,通过具体训练,从传播思想上养成创新的习惯,并将之贯彻于全媒体设计实践中,从而提高全媒体传播创意能力。全媒体设计师能力的培养在整体上应注重设计师的思维、程序方法及软件制作等方面的训练,需要强调培养设计师的创意能力。

所谓直觉,就是凭借个人感觉发现"别有洞天"。在日常生活中,经常从新角度去审视那些易被人们忽视和遗忘的事物则会发现,那些原本平凡的事物往往会给人以全新感受,一个眼神、一个词语、一句话、一个情景都会使敏感的全媒体设计师产生灵感。可以说,敏锐的直觉是设计师所应具备的基本素质。直觉是一种基于观察周围事物的体验而进行思维预测的能力，好的直觉力源于对知识、经验的积累与感受。一些全媒体设计师忽视直觉的价值和意义，因而判断力、联想力及其直觉感受力有限。更多全媒体设计师习惯于在设计过程中等待设计灵感出现，结果难以得到好的创意。因此，设计师要善于收集与储备与设计相关的信息和知识，并以此来开阔视野，以培养敏锐的直觉。具体来说，培养敏锐的直觉首先需要全媒体设计师保持一颗善于观察与感悟的好奇之心。只有勇于心动、善于心动的人，才能设计出让人心动的作品。全媒体设计师应多接触一些感人事迹，增加体验生活的机会，倾听八方来音，每天用写日记的方式来记录生活点滴抒发即时情感。只有对生活认真地体验，才能使设计师的思维活力四射，才能使直觉在经受实践验证的基础上成为全媒体创意素养的源头活水。

二、体察美感

感知美、体察美、鉴赏美是全媒体创意成功的前提，全媒体创意设计之根本在善于发现。设计师是否有敏锐的发现力，决定了全媒体设计是否有创意。感知美、体察美、鉴赏美的能力，需要长期系统地培养，设计者除了感受事物的形态、结构、材质、色彩等，还需透过事物表面，深入了解事物的内涵与象征，并对事物的美加以创造。实际上，全媒体设计的过程即是一个感知美并创造性地表现美的过程，而感知美的训练过程也类似于设计过程。首先，初学者可选择一个感知主题，主题可以是思想中的一个概念，也可以是视觉要素中的一个图形；其次，应在生活中留意与这一主题相关的现象，并查阅相关的资料；再次，整理分析与主题相关的视觉元素，如图形、文字、色彩、传统文化等；最后，综合各方面信息，运用直觉酝酿设计灵感，用适当的表现形式在图纸上表现对这一主题美的认识。对于全媒体设计师来说，这一过程既是一个学习与开阔思维的过程，又是感知美的过程，同时还是一个培养设计思路的过程。

三、拓展想象

想象力是创意的源泉，爱因斯坦讲过的"想象力比知识更重要"就是这个道理。想象是创造的源泉，是记忆的提炼、扩展、升华和创造，而非简单再现。设计师若不能全面地把握含义与符号的关系，会导致一些设计虽图形美观但缺乏好的寓意，一些设计虽含义很好但美观性不足。这主要是由于设计师缺少对概念与图形做联想与整合的训练。针对此情况，设计师应加强思维的概念联想与图形联想训练。

到了真正需要创作时，需要屏蔽一切干扰，关掉手机，才会天马行空自由飞翔。在遇到思维死角时，不必强迫自己，不必计较想法有多幼稚，需要的只是一种宣泄，将死角中的垃圾一点一点清除，直到思维重新获得清明的感觉。

图形表现是创意的实现。优秀的设计不仅有好的寓意，还具备美的形态。设计大多从内涵开始，再运用美的形式去表现内涵，即"先善其意，后修其形"，图形的创意与表现成为设计的重点。设计师不妨首先从英文字母变形入手进行针对性训练，运用多种联想方式与图形组合形式，创意出既有内涵又形式优美的"准图形"。利用找共性与找差异的设计方法，在联想能力、图形组合能力及综合思维能力等方面得到很好的锻炼。

全媒体设计创意能力的培养，既包括设计师自身的努力，如设计师的意愿与心态、意志的坚定性、勤恳的态度等，也包括设计环境、交流、沟通与合作。在设计中，设计师应调动自身的潜在动机，激发自己的想象力，创作出令人满意的作品，以此激发更强的创作欲望。全媒体艺术设计应具备渊博的知识、敏感的直觉、不断完善的能力与高尚的道德修养，既要注重训练方法的灵活性，努力寻找成功的捷径，又要不断学习、充实，提升个人能力，只有如此才能最终具备创意素质。[①]

[①] 李军科. 创意能力该如何培养？[EB/OL]. (2018-01-16) [2018-01-17]. https://baijiahao.baidu.com/s?id=1589700070273469683.

第八章 政府主导

涵化培育理论（cultivation theory）是媒介素养理论的重要支点，又称培养理论、教养理论，涵化培育假设、涵化培育分析。涵化培育理论起源于20世纪60年代末，以美国学者格伯纳为代表，他提出的电视"涵化培育"传播效果观点至今为人称道。"人文涵化"全素养培育理论基于涵化培育理论的人文素养培育理论，包括全媒体从业者和受众的道德素养、文化素养、艺术素养和创意素养等人文修养的涵化培育原则、培育目标、发展范式、优化路径、政府作用和国外启示等内容。全媒体自身的交互性、实时性、发散性特征使传者与受众的角色呈现出交叉叠合态势，传播者与受众之间的基本区隔路径以及由此引起的培育体系的界分依然存在，这种界分对于建立科学完善的全素养涵化培育理论体系具有重要的指导作用。

全媒体素养涵化培育的核心内涵，在于全媒体从业者、受众的媒介素质完善、强化和淬炼等中心任务，即一个"完人培育"的核心命题。如何从人的基本素养、专业素质和能力素质培养到全媒体素养涵化培育和社会主义核心价值体系塑造，如何围绕全媒体从业者及全媒体受众素养及传播能力的全面提升来构建全媒体素养培育体系等问题构成了研究主线。"人文涵化"全素养培育理论，孕育发轫于涵化培育理论，借鉴拓展了相关理念，例如，教养理论的开发是为了解释媒介传播对受众的理念、态度和价值观的影响。各种媒介主宰并涵盖人文信息、观念和意识的来源，教养效果研究的核心是媒介对所有接触这些消息的受众所产生的效果。"培养分析"应关注媒介所建构的符号现实与社会文化各层面的观念现实之间的逻辑关系。媒介涵化培育功能是一种多方向过程，媒介传播的内容、观点与受众所持观点相一致或相近时,涵化培育效果就显著,媒介"象征性现实"对人们认识和理解现实世界是一个长期的、潜移默化的教养过程,媒介素养培育在形成现代社会的"共识"方面作用巨大,当舆论(特别是主流舆论)教养效果在特定群体中非常突出时,就会发生情感共鸣现象。

在全媒体时代呼唤下,"人文涵化"全媒体素养意味着媒介素养的飞跃。全媒体素养既包括"全员"的"四个看齐"素养:技术素养、语词素养、符号素养和组合素养,包括"全程"的传者素养、受者素养、互动素养和联动素养,也包括传者、受者和管者的全息素养:对各种资讯信息、关系信息和场景信息的驾轻就熟,甄别采辑拍摄录制发送等综合素质。全媒体淡化与破除传统媒体和新兴媒体间的边界,5G赋能使传统媒体"老树新花",令新兴媒体"如虎添翼",使电信通信行业的媒体地位日益显现,构成"人文涵化"全媒素养培育理论的时代背景。

中国媒体融合向纵深发展,在超级计算机技术、人工智能技术、5G网络技术、量子通信技术等的叠加效应下顺利推进,传统媒体、新兴媒体和智能媒体的边界壁垒逐渐模糊,不少门槛一夜之间被完全肢解破除。我国传统媒体受限于体制机制、传播渠道和传播形式等的约束,发展规模与未来空间相当有限,传播技术相对单一落后,吸引力和受众忠诚度日渐衰减,与新兴媒体智能媒体的魅力相比差距正在拉大。传统媒体的发展瓶颈在于没有专门服务于用户的实际需求,未充分挖掘其"在地性"潜质。

随着传统媒体、新兴媒体和智能媒体组构而成的全媒体时代到来,新时期的舆论传播生态发生了根本性变局。具有标志性意义的新型主流媒体如国内新华社、人民日报和中央广播电视总台等国家级传统主流媒体转型而来的新华网、人民网和中国网络电视台全新亮相,和以BAT企业(百度、阿里巴巴、腾讯)为代表的纯粹化新兴媒体相映生辉。5G时代正进一步促进现实社会生活向着虚拟社会生活方向转移。① 在5G赋能的全媒体

---

① 程明,战令琦. 传统媒体的"解构"与新媒体的"解读"[J].今传媒,2017(2):4-7.

时代，需要更具专业分工的"在地性"资源与力量的协同和参与，促使更快推动传统媒体的网络化建设进程，使 AR 电子报纸、网上广播、互联网电视和智能电视等新兴媒体兴旺发达；尝试通过新技术延展媒体的容量与深度，为新新载体场域下的新兴受众创造新的传播内容和新的体验感受。随着媒体平台、媒体工具和媒体特性的融入化、智能化、一体化，传统媒体与新兴媒体、智能媒体的边界正在消融，开始相互融合形成统一体，推动传统媒体与新兴媒体、智能媒体的整体自我进化与升级迭代。5G 网络和智能技术促成多设备智能互联、超密度网络、超可靠通信等新概念的产生，并通过集成多种无线接入技术，以体验式为主满足用户的实际需求。

5G 赋能使传统媒体"老树新花"，令新兴媒体"如虎添翼"。5G 赋能让传统媒体与新兴媒体各展新姿各领风骚。中国主导的 5G 技术，给中国媒体行业带来前所未有的媒介思维变化、媒介形态变化、内容服务变化、产业应用变化和监管模式变化等多个方面的革命性变革。[①] 一是传统媒体呈现动态化交互式媒体形态，如媒体内容从平面视频节目发展到沉浸式体验的实时互动直播。二是个性化内容服务。借助 5G 网络架构和分布式缓存技术，内容更易定制，个性化推送精准且高效，为采、编、导、播等业务提供可靠的移动宽带技术和信息通信平台。三是 5G 广泛用于物联网和车联网，传统媒体从居家、商场、宾馆渗透到移动、广域、大尺度分发场合。四是内容更易管控。5G 网络切片与边缘计算功能为媒体提供专用资源，对网络自媒体的内容监管更加到位。5G 给传统媒体发展带来良机，使传统媒体能够做到扬长避短，继续发挥其文明传承和社会逻辑洞察的独特优势。[②] 传统媒体还可以强化开放协同发展中的定位、协调与合作优势，积极找寻价值创造的关键节点。随着 5G 的到来，BAT 平台提供的流量资

---

① 戴竺芯. 5G 使传统媒体变革走向更深远 [EB/OL]. (2019-04-29) [2019-04-30]. http://finance.sina.com.cn/roll/2019-04-29/doc-ihvhiqax5616921.shtml.

② 喻国明. 5G 时代传媒发展的机遇和要义 [J]. 新闻与写作, 2019 (3): 63-66.

源变得越来越"廉价",获取用户的成本大大降低。传统媒体可以利用自身端口获得"私域流量(用户)",加强用户群精准管理,积极融入新兴媒体智能媒体行列,沉淀积攒更多的忠实目标用户。

当下,全球化"三网融合"浪潮不可遏阻,中国5G技术规模化商用全面展开,电信通信与传统广播电视的边界逐渐消弭,新的更大规模的电信传播产品、传播形式正破壳而出,5G赋能使电信通信行业的媒体地位日益显现。在中国大力推进媒介融合向纵深发展、推动构建人类网络空间命运共同体的历史时刻,又适逢中国机构改革破除横亘于电信通信和广播电视的"篱笆"的良好机遇,摆正电信通信传播既有也应有的"宣传地位""媒体地位",确立电信传播理论在大众传播体系中的本我地位,为电信通信传播理论与实践正名,赋予我国电信通信行业与传统媒体行业一样的"媒体地位",既给予其新闻采访权,也按照新闻传播机构的管理模式实施"把关人制度",使其充当起推动媒体融合向纵深发展、建设全媒体的重要力量,与纷至沓来的"智能传播""量子传播""超算传播""超智传播"等新新传播理论勾连映合,创构出新时期中国特色"新大众传播"理论的初步模样。

总览5G赋能的全媒体发展背景与发展变局,有益于"人文涵化"全素养培育理论的建构,有助于更加明确而清晰认识到全媒体时代"全员、全程、全息"的全素养营造的重要性和紧迫性,有助于全媒体素养构成和全媒体素养建构等基础性问题的破解,把握现代媒体融合向纵深发展征程中的全媒体思维、全媒体技术、全媒体传播发展节律,有利于受众洞察传统媒体和新兴媒体融合过程中的全媒体作用,把握5G赋能下传统媒体"老树新花"新功能,了解新兴媒体"如虎添翼"新特征,科学评价广电行业与电信行业在5G全媒传播中的正确地位。

第一节 指导原则

人文涵化全媒体素养培育,是人类发展史上的一个新生事物。面对当前网络新兴媒体领域白热化的话语主导权竞争，面对意识形态领域的激烈博弈，处于国家文化安全建设一线的全媒体素养培育，没有更多的迟滞与犹豫时间，只有在理论与实践中不断摸索与完善，只有在激烈的博弈交锋中不断发展与壮大。

目前，泛众化自媒体传播、电信传播、智能传播已成为内容丰富、形式鲜活生动的新媒介传播平台，其中不同区域、不同主体、不同门类的自媒介和智媒介，具有完全不同的发展情况。比如微博、微信和网络短视频直播的传播特征与传播轨迹，存在着鲜明的差别，经济发达地区与欠发达地区的网络发展及信息化建设水平落差明显，网民的受教育程度、知识结构存在着明显的块状分布结构等。因此，全媒体素养涵化培育僵化不得、简单不得。在人文涵化全媒体素养培育目标定位、原则确立及实施方案设计中，要坚决避免大一统、机械化的实施方式，尊重不同区域、不同主体的发展实际，使全媒体素养涵化培育与全面提升主体、全面提升环节、全面提升文化等环节或节点形成无缝对接，真正发挥润物无声的作用。

坚持正确的培育原则，对于规范和导向全媒体素养的方向，科学确定全媒体素养内容，选择正确的发展范式和实施途径，有效培养广大社会公民的全媒体素养，实现社会主体在全媒体传播环境中有效认知、传播与创造信息的全面提升目标具有重要影响。全媒体素养涵化培育原则需要从政府、企业和人才培养机构（学校）等培育主体视角出发探讨从业者、受众及未来专业人才的全媒体素养全面提升问题。就政府指导者而言，应坚持主体性原则、整体性原则、科学性原则、创新性原则和渗透性原则。

一、主体性原则

政府主体性原则，即各级政府在提升"全员"的全媒体素养时所秉承坚持的主体性、整体性、科学性、创新性原则，这是政府在全媒体素养涵化培育上的基本责任和重要使命。主体性原则是政府在培育全媒体素养过程中要确立广大人民群众是主体的观念，要落实广大人民群众的主体地位，并通过充分发挥广大人民群众的主体作用，培育广大人民群众的主体积极性。主体性原则包括广大人民群众与全媒体传播信息之间的主客体关系、广大社会主体的自我认识、反思能力以及全媒体素养的塑造三个层次。政府应以广大人民群众及其发展来思虑全媒体素养涵化培育问题。一方面，全媒体素养是社会主体自觉地培养的过程，体现出广大人民群众认识和改造全媒体传播信息的能力；另一方面，全媒体素养的培育离不开政府的决策和引领，政府可以根据自己对全媒体传播的认知，采取一定政策方针指引或全面提升民众的全媒体素养。

全媒体素养是社会主体对于全媒体传播信息的选择、处理、创造、传播等方面的认知、评价能力，是一种体现出主体力量并且对特定对象进行认知的对象性活动。因此，从某种意义上来说，全媒体素养是一种主体性活动。社会主体通过自己的行动，认知全媒体传播环境中的信息，并且按照自己的认知、评价等来选择、处理全媒体传播信息，这一过程体现着社会主体的自我意识和反思能力。同时，全媒体素养的形成又会使社会主体以自己已形成的这种素养去改造、选择、处理相关全媒体传播信息，体现一种对象性的活动。政府应坚持主体性原则的内在逻辑。马克思一再强调，要把对象、现实、感性，当作感性的人的活动，当作实践去理解，从主体方面去理解。[①] 全媒体素养的全面提升是社会主体自我意识、反思觉醒的结果，体现社会主体的自觉能动性，通过对全媒体传播信息的处理较好地改造与传播信息。因此坚持主体原则就是坚持马克思的对象性活动主张。政府对"全员"的全媒体素养的全面提升必须以受培育者为主体，改变传统的灌输或管控方式，在承认受培育者主体性的前提下，积极引导受培育者充分参与，实现全媒体素养的普遍提高。以人为本、人文化全面提升应是政府培育全媒体素养主体性原则的最直接体现，要以广大人民群众为中心、动力、出发点和落脚点，重视发挥广大人民群众的主体性。同

---

① 萧前，等.唯物主义的现代形态：实践唯物主义研究［M］.北京：中国人民大学出版社，2012：436.

时，向上、向善的价值观和个性的多元化也必然要求政府在培育全媒体素养中应坚持主体性原则的同时注重个性化素养。

二、整体性原则

全面提升全媒体素养应坚持整体性原则，把全媒体素养涵化培育活动置于政府决策系统中分析，在这个系统中，要素与要素、系统与要素、系统与环境之间相互影响，相互作用。以系统论为分析方法的目的就是整体性、综合性地考察全媒体素养培育，以达到最优化处理。全媒体素养涵化培育有宏观、中观与微观三个层次，政府与政府之间的相互影响、相互作用，构成宏观层面的全媒体素养涵化培育系统；全媒体素养培育的方式方法之间的相互影响、相互作用，构成了中观层面的全媒体素养涵化培育系统；全媒体素养内部各要素之间的相互影响、相互作用，构成微观意义上的全媒体素养涵化培育系统。三个系统之间不断地进行着结构、功能与要素的相互渗透、影响，最终形成全媒体素养涵化培育的更大系统，任何小系统的变化都会对这个大系统产生重要影响。

宏观、中观与微观三个小系统共同构成全媒体素养涵化培育的大系统，因此，应以整体性的观点去看待、理解全媒体素养涵化培育问题。全媒体素养涵化培育的整体性原则就是强调系统的各个部分之间的统筹发展、协调共进，使宏观、中观与微观能做到相互协调、共同进步，最终形成结构合理、治理有方的有机体，充分发展整体性功能，达到全面提升整体目标。政府应把全体全媒体素养涵化培育对象作为一个整体。全媒体素养涵化培育面对的是全体社会公民，它要使每一社会个体现有全媒体素养都能得到全面发展与整体提升。政府要把全媒体素养涵化培育内容作为一个有机的整体，把知识层面（运用智能终端设施积极参与全媒体传播的主体从数以亿计的信息中获取正确的传播信息、判断信息的意义以及该信息的知识体系）、能力层面（参与主体在全媒体传播环境中，在自己的日常生活与工作中，对各种全媒体传播信息的认知过程，获取、分析、评价与传播各种形式信息的能力）和理解层面（参与主体对全媒体传播信息的判断能力、审美能力、理解与认知能力）的全媒体诸要素整合起来。各级地方政府还要在认知取向上保持一致，以形成全面提升的合力，使价值要素协调发展，相互促进。

三、科学性原则

政府主体需坚持科学性原则，把握全媒体素养涵化培育规律性。一方面，培育全媒体素养是培养社会个体对全媒体传播环境中信息的认知与评价能力，属于主观认知层次，必须用教育学、心理学、伦理学等学科理念作为分析手段与全面提升工具；另一方面，对于政府而言，在培育全媒体素养中也必须使用科学的研究方法、科学的态度以及科学的措施来处理全媒体素养涵化培育过程中的各种问题，协调各方资源，使全媒体素养的培育科学化。政府要以科学的态度认识全媒体素养，正确认识社会个体的全面发展与全媒体素养的关系。政府应运用科学的方法研究全媒体素养涵化培育的优化进程。

随着使用网络智能终端的用户数量的日渐增多，对全媒体素养涵化培育提出了更高、更迫切的要求。全面提升社会个体全媒体素养的基本前提就是使用科学的方法研究全媒体素养，运用逻辑的方法对全媒体素养培育的重大问题展开研究，推理未来全媒体素养发展的趋势，分析全媒体素养的基本特点，把握和揭示其中起着决定性作用的主要矛盾和矛盾主要方面，以比较类推的方式对比国外和我们在全媒体素养涵化培育方式方法与路径上的差异，找出类似点与差异点，形成具有中国特色的全媒体素养涵化培育的新路子。还可以抽象概括方法探寻全媒体素养涵化培育的规律，得出本质性、总括性的结论，以获取对全媒体素养总体、全面的认识。政府还要以科学的政策、策略和措施全面提升全媒体素养。在培育全媒体素养中，首先要以客观性来认知全媒体素养。培育全媒体素养要从客观事实出发，尊重全媒体传播的客观规律，把握全媒体传播的现实，以真实有效的结果和客观性过程互动获得社会个体的信任和尊重。在尊重客观性的同时，也应注重一定的策略性和指导性。只有社会主体接受的路径才是最好的路径。社会主体是否接受这种路径是经过其主观选择的，而在同一时间，不同环境下，社会主体的选择是不同的。各级政府要抛弃千篇一律、模式化的全媒体素养涵化培育方法，要根据社会个体的认知、全媒体素养的基本规律进行全媒体素养涵化培育工作。

四、创新性原则

创新在整个社会生活中正发挥出越来越大的作用，成为社会生产力全面提升的重要动力，全媒体素养涵化培育必须坚持创新性原则，即在培育全媒体素养中要秉持创新精神，不断探索全媒体素养的基本规律，在实事求是的基础上，全面提升培育全媒体素养的活力和生命力。政府机构及管理人员应培养创新习惯，丢弃原有的在传统媒介环境下的素养培育方法，以解放思想、更新观念的态度看待全媒体素养涵化培育问题，要打破常规，在把握全媒体传播规律的基础上走出思维定式，探索出全媒体素养涵化培育的新路子。政府要全面提升创新意识和创新能力。各级地方政府根据地域特色形成特定创新意识，而这些创新意识是做好全媒体素养涵化培育的基础。在全媒体传播环境下，参与主体的综合性、复杂性、多变性，全媒体传播环境的虚拟性以及全媒体传播信息的无把关人等现实存在都对政府全面提升全媒体素养的能力提出了更高的要求。在此情况下，各级地方政府应抓住机遇，不断解决新问题，形成新手段，跟上全媒体传播形势的变化，不断提升自己的全媒体素养创新能力，坚持非典型模式、整合集聚优势、中心聚焦、缓进摸索和协同创新原则。各级政府应鼓励高等院校、中等教育机构、社会培育机构等开展多种形式的全媒体素养培育探讨，全媒体素养培育机构要改变我国思想政治培育形式与内容长期相对单一的状况。不同区域可以根据自身的社会政治经济文化发展状况，尤其是信息化、网络化发展水平，建立与区域发展状况相符合的全媒体素养涵化培育模式，尤其要结合各地正在大力推进的智慧城市建设情况，把全媒体素养涵化培育作为智慧城市建设的配套软件建设工程之一，加以统筹规划、系统建设，使全媒体素养培育作为城市建设发展的"核心议题"之一，进入顶层设计视野。

全媒体素养涵化培育要充分利用好已有良好的媒介素养培育优势资源和扎实基础，结合全媒体、融媒产业发展的全新特征与规律，探索创新性全媒体素养涵化培育模式。比如，结合媒介全素养涵化培育在中小学开展的实践活动，在传统的媒介素养培育课程体系中加入全媒体素养培育的相关模块，也可以尝试将全媒体素养培育与中小学电脑课、信息课等课程建设紧密结合，注重现成资源的有效开发与使用。要把全媒体素养培育纳入社会主义核心价值体系，作为新时期网络话语权博弈、维护国家文化安全、建设清朗网络空间的战略性内容加强统筹考虑，通过社会主义核心价值体系的建设，将全媒体素养涵化培育纳入党委政府的重要意识形态决策议题，通过强制性的政策规制与引导，确保全面提升举措落实到位。

五、渗透性原则

在全媒体素养涵化培育过程中，要充分借鉴社会主义核心价值体系建设模式多样化的经验，将全媒体素养涵化培育与建设网上红色阵地、开展美丽系列建设、实施中国梦主题宣讲培育活动等紧密结合起来，与非物质文化遗产传承与保护、青年志愿者活动、其他社会主题文化活动等紧密结合起来，借助于各项社会活动的载体与资源，将全媒体素养涵化培育引向深入，在滴水漫灌润物细无声中达到全媒体素养提升目标。在高等院校，可根据不同学校的办学特色、现状和思想政治工作的优势与传统，探索立足实际、全面提升全媒体素养的思想政治工作模式。例如，传统的工科类院校可以在技术培育过程中全面渗透培养良好的技术素养理念，培养科学的道德，培养正确运用技术服务社会的意识，将全媒体素养涵化培育概念予以适当地迁移。对于一些文科类院校，就要借助自身深厚的文化底蕴，将全媒体素养涵化培育放到网络文化安全、社会主义核心价值体系建设等更大的文化背景、更强烈的文化责任中做统一思考和科学规划，与学校的通识课程、相关专业的模块课程建设有效结合起来，用学科与专业的优势、文化的厚度为全媒体素养涵化培育搭建更为扎实的平台。

对于一些传媒新闻艺术类院校，就要充分发挥其学科专业特长，建立专业化的全媒体素养涵化培育教学研究基地，开设全媒体素养涵化培育课程体系，通过拍摄微电影、排练舞台剧等方式多渠道、多形式地宣传全媒体素养，以贴近现实、灵活多样、容易引起受众情感共鸣的方式传播全媒体素养信息，让广大受众在艺术熏陶中潜移默化地树立正确的网络价值观、增强对网络的分析辨别与使用能力，培养良好的全媒体素养。另外，传媒新闻艺术类院校在做好自身的全媒体素养典型示范工作的基础上，要发挥好社会先进文化孵化器、传播源、共振器等的作用，面向其他高等院校、面向社区、面向社会排练宣传社会主义核心价值知识和生动事例，教育社会成员树立良好的网络道德、创作并演出有益于全面提升全媒体素养的系列话剧、系列微电影等，通过校园文化节等艺术宣传形式让大学生参与其中，在创作过程中强化其良好的使命感、责任感，推动青年学生习得良好的全媒体素养。

第二节 实施路径

在政府主导下推进的全媒体素养涵化培育，确立了国家全民全媒体素养涵化培育的宏观决策、目标定位、时间进程、实施路线图等，坚持上述基本原则，鼓励各单位各主体立足实际开展多样化的实践，积累良好的经验，根据实践情况对先进经验予以总结推广，更好地优化全媒体素养涵化培育的模式，探索具体科学可行的实施路径，通过搭建平台、深化内容、完善形式、构建氛围等措施手段，将全媒体素养涵化培育引向深入。

一、搭建平台

建立全媒体从业者的全素养涵化培育平台，是开展全媒体素养涵化培育的基本依托。在平台载体上，要实现线上线下一体化，既要构建线下的诸如新闻沙龙、新闻大讲堂、新闻爱好者俱乐部、新闻学术沟通会等平台，尝试在媒介内部建立较为固定的学习场所，或者依托相关高等院校建立职业培训基地等，开展有计划、有目的的系统化培育实践活动，深入宣传社会主义核心价值内涵，探讨如何加强网络舆论引导，建设清朗网络空间等重要议题。

同时，要充分发挥全媒体自身的优势与特色，构建线上立体化全面提升平台，开设微话题、微讲堂等，组建网络俱乐部、网络大讲堂，充分利用网络平台，开展如何加强主流舆论引导力，如何更好地应对复杂网络舆情的全面提升教育等，开发系统化的全媒体素养涵化培育网络课程体系。做好碎片化信息传递、点对点精准服务等工作，针对不同层级、不同对象的全媒体从业者，提供具有高度目标指向性的信息服务，开展具有较强对应性的素养培育，将全媒体素养涵化培育寓于常态生活化之中。比如在社会主义核心价值观导向下对经典舆情案例精准点评，或者对于媒介创新理念实时发送等。

二、深化内容

在全媒体素养涵化培育的内容设计上，必须建立以社会主义核心价值体系为灵魂的内容体系，所有的培育素材都要有效服务于社会主义核心价值体系，都要紧紧围绕素质及全素养涵化培育这个命题。同时，全媒体素养涵化培育必须高度重视社会主义核心价值体系宣传培育的生活化、生动化、立体化，接地气、入情感、求共鸣，要把社会主义核心价值体系建设转化为可感、可知、可体验的鲜活素材，而不是教条化地简单灌输。尤其要注重利用好全媒体开放性强、信息量大，媒介从业者辩证思维能力强、视野开阔、价值引导难度相对较大的特点，更加注重全媒体素养涵化培育的策略选择。

当前面对整体社会心态的浮躁与网络生态的恶化等严峻形势，要扭转全媒体及全媒体从业者群体中存在的价值观多元、行为方式随意的状况，在全媒体素养涵化培育内容建设层面，不仅需要发挥好与全媒体密切相关的案例的培育作用，更需要集聚社会正能量。用全社会的正面素材、生活养分、文化积淀培育与感化全媒体从业者，在经过优选处理后把这些内容纳入全媒体素养培育内容体系中。对于当前加强党风廉政建设、干部党员作风面貌焕然一新的正面呼应，对于感动中国人物事迹的学习，对于系列最美现象的关注与全面提升等，都是既有说服力、感染力、引导力，又能鲜明体现马克思主义新闻观，弘扬社会主义核心价值体系的培育素材。通过学习这些精选涵化培育内容，就可以使全媒体素养涵化培育内容更加丰富生动、更加富于感召力说服力与影响力。通过精心选择来自世界各国以事实说话深刻揭示事件本质的资讯，作为全媒体上传播的主要内容素材，可以让全媒体从业者深刻认识当前意识形态领域竞争的复杂性，领会到中西方竞争的本质，意识到新兴媒介在舆论引导乃至社会政治经济文化发展全局中的重要使命及作用，以及网络舆论事件发酵的作用机制及目标诉求。这样的内容熏陶，就能够使全媒体从业者不囿于一些表面现象，不做社会事件的盲目推动者及情感鼓噪者，成为富于建设性、理性的新闻把关者与社会正能量弘扬者。

三、完善形式

完善全媒体素养涵化培育形式，要做好实现集中全面提升与碎片化全面提升的相互结合，职业全面提升与生活全面提升相结合，封闭全面提升与开放全面提升相结合。要定期化、系统化开展全媒体素养培育，编制年度学习计划与学习要点，明确分阶段学习目标等，量身定做全媒体素养涵化培育方案，科学设置教学内容及教学方式，鼓励个别集中学习与普遍分散学习相结合，鼓励课堂学习与新媒体平台学习相结合，鼓励学习考核与在实践中考察相结合，探索创新性的全面提升方式等。根据全媒体从业人员的特点，集中培育要以短小精悍、实用、接地气为原则，积极引进外脑，邀请高等院校相关专家或者业界精英等开展讲座。积极开展碎片化培育，充分利用新媒体平台，开展实时、互动、碎片化传播培育，实现全媒体素养培育的相关内容生活化、案例化、精准化，尤其要注重根据不同岗位的特征，发送对应的信息，进一步全面提升培育实效。要高度重视职业培育与生活培育相结合，把传媒的职业使命、社会责任等与从业者的生活理想、生活态度紧密结合起来，从生活中发掘案例，把生活中的真善美引入职业，让生活、职业、事业形成更为紧密的一体，真正发挥全素养涵化培育的成效。

在完善全媒体素养涵化培育形式的同时，要拓宽全媒体素养涵化培育的途径，实现职业准入培育、职业必备培育与职业全面提升培育相结合。要把牢职业准入关口，开展职前培训工作。在入职前，围绕当前全媒体发展态势、意识形态领域的博弈状况、媒介在实践社会主义核心价值体系过程中承担的特殊使命等议题，开展专题培训，帮助全媒体从业者牢固树立"导向金不换"的观念，并将职前培训成绩作为入职的必备条件和试用期考察的重要内容。要把全媒体素养涵化培育纳入媒介从业人员职业再培育体系，作为在职培养的基本内容，建立起常态的全面提升机制，与专业业务学习、学历教育、主题学习活动等紧密结合起来，围绕融媒产业及意识形态领域竞争发展态势，不断丰富与发展学习内容，不断全面提升全媒体从业者的舆论导向把握能力、社会使命感与责任感、业务能力等，使全媒体素养培育成为职业全面提升的必备内容之一。

四、创造氛围

加强在全媒体内部对全素养涵化培育的宣传，构建良好的文化氛围，努力创造全媒体素养涵化培育的文化氛围。各级政府、各级传媒机构可采取集中学习、互动交流、开展主体研讨活动的方式，让全媒体管理机构全体媒介从业者深刻认识到创造全媒体素养文化氛围在开展全媒体素养涵化培育进程中的必要性、重要性，更好地凝聚文化共识。要注重文化的潜在滋润作用，将新时期的媒介精神、媒介立场、媒介定位、媒介使命与全媒体素养涵化培育紧密结合，纳入办网、办台、办刊等的主流价值与核心追求，作为社会主义核心价值观宣传的具体化、生动化展现等。注重把全媒体素养涵化培育与媒介的市场竞争策略、商业化目的实现、盈利机制建构等紧密结合起来，倡导与社会主义核心价值观相匹配、体现媒介正能量、基于可持续发展的成长模式，改变导向、素质与经营两张皮现象。真正把全媒体素养涵化培育渗透到意识形态导向把握、发展定位及经营策略、刊物理念诉求及价值走向、媒介行为准则与操守等各个方面，形成贯穿媒介发展全流程、对媒介从业者行为具有潜在规制与引导力量的全面提升体系。

  良好的社会认同是开展好全媒体素养涵化培育的基本条件之一，是巩固全媒体素养涵化培育的社会基础。要进一步扩大舆论宣传，推广与普及全媒体素养涵化培育的理念，构建良好的社会氛围，通过社会共识的形成，促进全媒体素养涵化培育的可持续开展。全媒体从业者可以联合高校教师学生等走向社会，通过举办专题报告会、宣讲会、社会调研及实践团队等，将全媒体素养涵化培育迅速引入普通受众的视野。同时，全媒体要发挥自身的特长，联合其他各种媒体、各种文艺院团，以多样化的形式推广全媒体素养涵化培育。比如关于网络炒作、网络暴力与网络真相的微访谈、微讲座，拍摄相关主体的微电影，排演系列舞台剧等。通过系列宣传培育实践活动的开展，在营造良好社会文化氛围的同时，也让全媒体从业者受到良好的历练与培育，在"走出去"过程中实现意识、观念、能力的"引进来""提上去"。

五、资源整合

  政府主导的全媒体素养涵化培育要注重整合资源与集聚优势，以破解当前全媒体素养涵化培育面临多元化需求满足和价值取向引导两大难题。全媒体素养培育机构要善于发现其在全媒体素养涵化培育实践中的优势，对优势资源进行科学的整合。优势整合是一个多样化概念，既包括对于人文涵化素养培育理论的先发研究、成熟的媒介素养涵化培育体系的迁移运用、新兴媒体产业的整体发展水平及受众的整体文化知识结构或特色领域有效探索等，着力全媒体素养涵化培育优势资源、集聚资源、辐射资源转化，实现全媒体素养涵化培育优势资源的高效使用。

全媒体素养涵化培育资源整合要在优势资源的辐射功能方面做文章，强化全媒体素养涵化培育的品牌效应，吸引和带动更多资源投入全媒体素养培育，为全媒体素养涵化培育提供更为丰厚的文化土壤，在社会各个层面形成共识。要改变传统的辐射是"增加项"而不是"必备项"的概念，对于全媒体素养涵化培育优势的辐射进行系统规划，找准辐射的着力点，让优势更优特色更特，从受众最容易接受、最感兴趣的环节入手，最大限度地激发辐射的效能。在全媒体素养涵化培育资源整合"辐射"下，全媒体素养涵化培育形式的开放性与内涵的高度凝练性紧密结合，多元化的内容冲突及竞合表现与一元化的导向诉求之间高度统一，全媒体素养涵化培育优势集聚就可以顺利达成高效使用，推进全媒体素养涵化培育的深入开展。

第三节　中国探索

在中国特色全媒体素养涵化培育体系建设进程中，经历了传统媒介素养涵化培育、新媒体素养涵化培育、融合媒体素养涵化培育和全媒体素养涵化培育几个阶段。在媒介素养涵化培育的每一个阶段，中国管理部门、中国媒介素养专业研究工作者及中国新闻传播（媒介媒体）从业人员，为此付出了辛勤劳动，在涵化培育重视品牌铸造、不懈学术探索、坚持传媒特色、创新涵化模式和做好学校示范等方面做出了积极贡献。

一、品牌铸造

全媒体素养在社会个体的社会交互过程中形塑而成，体现着个体与社会的关系，而个体与社会的关系恰恰是社会化理论研究的重要内容。除了家庭、学校、社会组织以及各种媒介外，政府是社会化的重要载体。以社会化为视角，分析社会个体、社会群体及整个社会在与社会互动过程中，政府主导形塑全面提升全媒体素养就成为一个新的分析视角。全媒体素养涵化培育要考虑现阶段我国经济、政治、社会以及文化发展的实际情况，要考虑以前、现在和今后全媒体传播发展的趋势以及社会主体使用媒介的习惯以及文化水平，政府主导的全媒体素养涵化培育品牌铸造最为重要。

政府机构在媒体全素养涵化培育的"参与角色"是品牌铸造的首要条件，全面提升社会个体的全媒体素养就是使社会个体在全媒体传播环境下，通过特定的措施，将特定的知识、能力与对全媒体传播环境中信息的理解内化于心，并在再一次使用智能终端设施中将这些"内化"的知识、能力与理解外化于行，全面提升社会个体正确认知、理解、使用智能终端设施与全媒体传播信息的能力。经过政府的顶层设计，可以充分利用本地丰富的文化创意资源，开发出以全媒体素养涵化培育为题材的文化创意产品，相关影视剧、微创作产品或抖音短视频等实用、适用和亲民的全媒体文化创意产品或服务就可以源源不断涌现。文化创意产品蕴含全媒体传播信息，可转化为社会个体的体验行动。社会个体的全媒体素养涵化培育除了传统的家庭与学校之外，社会环境也在形塑不同社会个体独特的全媒体素养，文化创意产品就是实现社会化的价值工具。通过对文化创意产品的阅读、欣赏和不断演化再造，社会个体会形成特定的思想观念，从而影响着个体行为，固化与重新形塑个体对全媒体素养的认知，使更多社会个体全面提升自己的全媒体素养。

在"人文涵化"全媒体素养培育理论建设中，高度重视与融媒产业的紧密接轨与高度融合，有利于全媒体素养涵化培育的全面提升，彰显出全媒体素养培育的品牌差异性。比如，文化传统培育，基本国情、省情培育，党的基础理论教育等具有相对稳定的全面提升内容，而全媒体素养涵化培育具有鲜明的应用性、实践性特征，必须与瞬息万变的产业发展态势保持紧密联系。当前，我国以融媒产业为代表的平台技术及平台产业快速发展，数字杂志、数字报纸、数字广播、手机短信、桌面视窗、数字电视、数字电影、触摸媒体等新媒体形态不断出现。新媒体的交互性与即时性，海量性与共享性，多媒体与超文本，个性化与社群化特征引发深刻的传播革命，这场革命引领着社会政治、经济、文化、生活等各方面的变革。

举办各类全媒体专业知识讲座，实现从业者与受众全媒体知识技能的内化转型，能够强化全媒体素养涵化培育品牌形象。全媒体素养是作为社会个体把握世界、认识世界、理解世界的一种方式，不仅可以调节个体与个体之间的关系，也可以调节个体与群体，国家与社会之间的关系，也是滋养个体素养发育的养料。全媒体素养直接指向社会个体的良好地使用全媒体传播的能力与德性，既体现社会个体全媒体素养的内在性和个体性，也是社会个体全面发展的逻辑前提。举办各类全媒体传播知识讲座的目的，就是使社会个体充分认识到全媒体素养涵化培育对于自己、对于他人、对于群体的意义与价值。这种知识讲座也正是以社会个体这种全媒体素养涵化培育与养成的需求作为存在取向，将知识内化于社会个体心中，实现全媒体素养涵化培育的目的。

充分利用博物馆等公共文化设施进行体验式全媒体感化实践，可以加深全媒体素养涵化培育品牌印象。马克思主义认识论认为，人的认识都来源于实践，人的认识过程是经过实践、认识、再实践、再认识循环往复以至无穷的过程，体验式全面提升全媒体素养符合认识发展规律。各地科技馆都有各种各样的体验式场所，如地震博物馆或地震体验中心。社会个体通过先进科学技术模拟地震时的场景以及模拟地震的震动平台这种亲身体验，可以在具有"相似的瞬间"更容易接受客观事实、场景与价值观。因此，体验式培育的重要意义在于通过模拟当时当地发生的客观事件，使社会个体在相同或类似情况下思考自己会做出什么样的反应，从而强化对特定素养的认知。在现有的科技馆或博物馆中，我们可以建造一些模拟平台，比如模拟全媒体传播特定事件，向体验者的智能终端发送特定信息，使体验者通过这种模拟平台体悟到自己全媒体素养的整体水平，感受全媒体素养涵化培育的重要价值，在模拟体验全媒体传播信息选择、处理的一瞬间，思考自己的全媒体传播行为选择问题。在心理体验产生之后，社会个体在其支配、指引下做出相应的行为反应，这种行为反应又对社会个体心理体验起到反馈作用，从而校正或强化原有的心理构想，抛弃原有的对全媒体素养的不正确认识。全面提升社会个体全媒体素养是一个面向全体社会成员的过程，实现广大人民群众全媒体素养的全面提升是政府培育全媒体素养的重要课题，也是其重要目的之一。但在此过程中，个体的全媒体素养在一定程度上起到示范与榜样作用，其影响力经过一定程度的宣传之后也能对其他社会个体产生较大影响。因此，政府全面提升广大人民群众的全媒体素养，可以通过开展志愿服务的方式，实现一小批人带动大批人，从而提高绝大多数人的全媒体素养。

　　再现重大全媒体传播事件，为全媒体素养涵化培育品牌铸造提供了理论线索和实践支撑。德里达才说，在当代再现是一个最重要，最富于生产性的问题，相对于在场不可复制性来说，再现不仅是可能的，而且是唯一的可能性。① 李普曼指出，社会个体一般生活在现实环境和虚拟环境两个环境中，建构出了客观现实、媒介现实、受众现实等三种现实。全媒体素养是社会个体的主观认知，主观认知背后却是客观事实在全媒体传播环境中的反映。在全媒体传播环境中所存在的特定全媒体传播事件，这种全媒体传播事件中的客观现实，是客观世界发生的事件本身，属于社会学中的"在场"，对社会个体社会群体以及整个社会的全媒体素养的形塑影响深

---

① 罗钢，刘象愚. 文化研究读本 [M]. 北京：中国社会科学出版社，2000：20.

远。随着科学技术的进步，视觉、听觉等媒介的发展使得社会个体逐渐地把这种媒介作为还原、再现客观事件的重要工具，这就是媒介再现。即通过媒介再次呈现出真实世界中的一些事物，将客观世界中的一些事物生成媒介符号，编成媒介代码，在各种媒体中展示出来。全媒体传播媒介再现具有将特定全媒体传播事件当时场景展现于现实世界的工具性价值，是通过对特定全媒体传播事件的压缩、描述，以图文、音视频等方式尽可能地还原当时当地发生的一切。

《网络大讲堂》以时下最流行的公开课形式开讲，内容聚焦网络安全、法制、道德、文化和创新五大方面，培育网络道德，构筑科学、文明、健康、守法的互联网环境阵地。2015年1月，《网络大讲堂》系列原创公开课第三集《网络道德从心开始》邀请中国社会科学院孟威博士，从"人肉搜索""网络推手""微博谣言"等广大网民熟知的案例入手，讲解话语自律的道德责任和网络交往应遵循的基本原则，并以中国传统文化中的道德观穿针引线，赋予网络道德鲜明的时代特色和历史纵深感。孟威认为，只有提升自身媒介素养，正确享用新媒体的媒介资源，自觉摒弃和排除盲从心理，涵养伦理精神，才能在网络活动中趋利避害，维护社会的共同利益，才能重拾公共话语空间中的伦理理性，在网络社会中保持清醒、涵养文明。全国各地建立了内容丰富形式多样的网络道德大讲堂，组织举办了网络正能量沙龙，形成了具有一定影响力的文化品牌等。

二、学术探索

对于媒介素养的定义，不论是已出版的专著、期刊，还是已发表的论文、报告，一直以来没有统一的表述与解释。中国大陆学界较为熟识的是1992年美国媒体素养研究中心给出的定义："媒体素养是指人们在面对各式媒体信息时所表现出的选择能力、理解能力、质疑能力、评估能力、创造能力、生产能力及思辨能力"。中国各级政府和中国大陆学者长期坚持围绕媒介素养、新闻传播素养等主题展开探讨，从组织沙龙讲座、建立各种研究机构（研究中心/研究院）到创新全媒体素养涵化培育模式以及撰写论文出版著作等方面做出了不懈努力。

在全媒体素养涵化培育实践中，各级政府都在努力探索素养的灌输与内化问题，不断尝试或利用各种渠道和媒介实现素养的知识灌输与内化。作为公民生活重要公共场所（如市民中心、村文化礼堂等），承担着全媒体传播知识灌输与内化任务，可以为全媒体传播知识讲座提供服务，同时也促进着全媒体素养知识讲座的扩展。这些公共场所，传递着全媒体素养培育的新方式，指示着全媒体素养涵化培育的新风向，通过对主讲人、主讲内容的引导，有效地规范着全媒体传播知识讲座内容的正确性、积极性，保证全媒体传播知识的发展方向，成为全媒体素养的咨询窗口。公共场所可以利用新媒体技术，在利用柜台解答社会个体关于全媒体传播知识困厄的同时，还可以运用新媒体技术，在虚拟空间中整合全媒体传播知识灌输的元素，为社会个体答疑解惑。了解社会个体关于全媒体传播知识的需求状况并将之反馈到政府中，有利于政府把握全媒体素养培育的发展方向，制定出正确的培育政策。这些公共场所也可以利用场地展示一些全媒体素养较好的社会个体，展示他们的行为，介绍他们的事迹，从而形成一种良好的宣传氛围。

针对全媒体从业者工作时间较长、工作任务繁重、工作节奏变化快、工作压力较大的状况，专家指出要建立全媒体素养涵化培育多样化、立体化的培育模式，精选学习内容，真正把贴近一线、大家普遍感兴趣、对工作有直接指导作用的内容纳入学习范畴，建立互动式学习模式，积极倡导授教一体，开展交流式全面提升，鼓舞全媒体从业者围绕某一选题开展讨论，在思想碰撞中解决思想问题，在互动交流中厘清本质，避免简单空洞地说教，让全媒体从业者在情感上有感触，在视野上有拓展，在导向上把握更精准，在能力上有新提升。有学者注意到，建立研究小组或者主题论坛等，围绕全媒体传播的某一现象开展专题研究，在研究思辨中更好地理解问题，有助于更好地引导与影响从业者的观念。比如在工作微信群内开展微主题、微话题讨论等,开展微点评、微公益活动,围绕网络舆论热点事件开展讨论,在深入分析中明晰事物的本质,通过开展"请进来""走出去"专项活动,邀请先进人物等来媒体举办讲座,把最美现象引入身边,以生动案例激励他人,现身说法宣讲社会主义核心价值观,宣传网络正能量信息,在宣讲过程中全面提升全媒体素养。

  国内学者基本上都是从静态的角度来研究媒介素养及其基本问题,较少从动态角度考查研究媒介素养的形成过程、发展机制以及媒介素养与社会的交互关系。学者们似乎都忽视了一个最基本的问题,即个体媒介素养是如何形成的,它的形成过程受到什么因素影响这个最基本的原点问题。作为媒介素养中重要一环并且深刻影响社会主体的全媒体素养的形成机制,在社会个体与社会交互过程中形成的,深深打上了社会化的烙印。社会化的内容非常广泛,不仅包括社会生活所必需的基本知识、生活技能的习得,也包括在适应社会过程中所习得的生活习惯甚至各种思想观念等。无论是迪尔凯姆的道德内化论、韦伯的社会行为论、库利的"镜中我"论还是米德的"被概念化的他人"论都是基于社会化的焦点——个体与社会交互的过程,是从一个生物人到一个社会人的发展过程。因为我们从一出生就无可选择地面对别人已经安排好了的世界,这个世界的状况、价值观念和目标走向是我们的利益、意识和梦想得以产生的源泉。①

  个体素养的形成与社会环境是相互影响、互相作用的,社会化为我们解析全媒体素养提供了一个新的分析范式。通过这种范式的运用,我们可以深入地研究全媒体素养的形成过程及成长机制以及未来图景。全媒体素养是个体素养的一部分,同其他素养一样,也深受社会惯例、价值观念以及行为准则等影响,并使个体在必须遵循相关社会规范、价值观念以及行为准则前提下获取、认知、理解、使用各种全媒体传播环境中信息的能力。也就是说,从社会层面来看,个体的全媒体素养在社会化过程中逐步

---

① 张敦福. 现代社会学教程[M]. 2版. 北京:高等教育出版社,2007:188.

了解自己在群体和社会结构中的地位和价值,从社会中习得了认知、理解、使用全媒体传播媒介和认知、评价、传播与创造全媒体传播信息的能力。意即,随着社会日益媒介化,媒介渠道扩散加速,媒介信息多元化,接受者就需要知道如何仔细评估媒介信息以便他们能从中获得最大利益,减少不良信息的影响,扮演好自己应该扮演的角色,并据此角色行使一定权利,承担一定义务。①

"读图时代"可视化数字媒体的风行,带来了略显浮躁的快节奏文化氛围,唯有掌握清晰的语言逻辑思维,方能避免媒介素养水平的倒退。多媒体的兴起,使得新闻受众的媒介使用技能要求有了一定的扩充,处理好新旧媒体之间的使用平衡也是不容忽视的重要环节。网络媒体的丰富多彩吸引着媒介公民的眼球,但过度超量的信息吸纳会对个人生活质量造成负面影响,传媒素养的提升还需新闻受众合理规划自身媒介使用的"量"与"度"。受众并非是被动地接受信息,不同族群的人对信息的理解、取舍不尽相同,他们对意义的接受与理解,往往也不相同,他们或选择、或拒绝、或回忆、或理解,完全根据他们自己的社会经验、种族习惯来选择媒介和信息。② 因为人的主动性、能动性的存在,随时都在反哺着社会生活及媒介文化,全媒体素养就是把社会环境中一定的价值、态度、技能、知识等"内化"为自己的日常生活习惯和准则,即素养形成的过程。政府培育社会个体全媒体素养的重要任务就是通过一定路径的选择,实现使用智能终端的社会个体的这种"内化"。当社会环境不能为个体素养的形成提供一个纯净的全媒体传播环境时,媒介传播效果对人的影响就像天气对人的影响一样,它无处不在,无时不有,且存在形式多种多样。如:有时使人颤抖,有时使人浑身湿透,有时还会使人灼热无比。依据现代科学,人们尽管对天气的特性和变化有了一定的认识,但仍然很难精确地预测或控

---

① LIM S S, Nekmat E. Learning through "prosuming": insights from media literacy programmes in Asia [J]. Science, technology society, 2008, 3 (2): 13.

② 陈龙. 媒介批评论 [M]. 苏州: 苏州大学出版社, 2004: 176-177.

制天气的变化，尤其无法知道什么时候什么人会被雨淋着，被寒流冻着。无论气象局如何先进，它也控制不了天气的变化。然而，个人却能有效地控制气候对自身的影响。比如说，我们可以携带雨具、遮光剂或躲在室内回避它，等阳光明媚时再走出房屋拥抱灿烂的阳光。① 因此，一个具备媒介素养的个人，不是被动地接收媒介信息，而是能从社会文化、政治、经济等因素，以及媒介信息背后隐藏的意识形态、掌控权、广告等因素间，发展出自主性背后的机制，这正是培育全媒体素养的最原始动力。②

在新科技革命的推动下，传统媒介开始因消费者的碎片化而不断地向分散化方向发展，采取细化的方式吸引本已碎片化的消费者。不同种类的媒介为了使自己能在充满竞争的市场环境下生存下去，不断推出各种创新产品，以不同的方式展示各具特色的媒介信息，拓展了受众感官系统，以营销自己，打造品牌，吸引消费者的眼球。全媒体传播的发展，正不断改变传统的人际交流沟通方式，吸引着中国学者对全媒体素养的全面思考和深入研究。王一芃和卢晓云的《全媒体环境下新闻受众媒介素养研究——基于受众媒介使用行为的实证分析》（2017），指出了步入全媒体时代，信息技术发展的日新月异带来了媒介形式、内容、功能等层面日趋多元、加速融合，受众媒介素养的表现与内涵亦随之发生转变，探索出提升公民媒介素养的发展路径——传媒大环境营造（政府领导：制度健全，市场管控）和学校教育（加强媒介教育建设，促进超越保护主义理念引导）、媒体把关人职业精神恪守（引领正确导向、保障业务质量）和受众自身媒介认知能力提高（培养批判意识、优化使用策略）；韩世峰的《全媒体时代记者必备的素养》（2020），论证了全媒体时代，新的媒介环境对传统媒体记者提出了更高的要求：记者必备的新闻素养包括过硬的思想政治素质，专业的采访能力，独立撰稿能力，运用融媒体技术和互联网技术的能力以及超文本的新闻报道能力。只有由一专向多能转型，才能紧跟新媒体时代

---

① Potter W J. Media literacy [M]. 2nd ed. London：Sage publications，2001：260.
② 张冠文，于健. 浅论媒介素养教育 [J]. 中国远程教育月刊，2003（7）：69-71.

步伐，融入全媒体大潮流；曾静平和王友良在《5G赋能时刻：全媒体，全素养》（2020）一文中作出了全媒体需要全素养的精确论断，论述了5G时刻赋予了中国媒体融合向纵深发展更加强劲的技术驱动力，政府管理机构因此有了更多的媒体融合发展选择路径和媒体融合发展模式；以全程媒体、全员媒体、全息媒体、全效媒体为国家传播战略的全媒体传播，在5G时刻为发出中国声音、传播中国文化全速起锚远征，是具有中国特色的新闻传播理论与实践的重要内容，洞悉了5G时刻中国媒体融合向纵深发展进程中全媒体传播舆论的生态，明确5G时刻全媒体传播的基本规律和全素养要求，是习近平总书记构建全媒体传播格局之移动为先创新为要的具体行动，是树立中国风范，传播中国文化，张扬中国主张的稳健基石，是提高全媒体传播效能的必然要求；以高水准，严要求之全媒体素养来武装新时期的中国全媒体梯队，带动全员媒体之广大公民树立全媒体传播意识，成为当下与未来很长时间内中国新闻传播理论创新与实践探知的战略抉择。

三、传媒特色

以中国大陆的新闻传播类、影视艺术类、图书情报类、电信通讯类高等院校科研院所为主阵地，推广普及全媒体全素养相关工作，可以收到事半功倍的示范效果。这些院校科研院所的师生员工，具有对媒介融合、融媒体、智媒体、电信媒体等千丝万缕的联系，对新闻资讯传播素养、媒介素养具有天然敏感，能够从专业角度剖析不同时期不同阶段媒介素养的基本构件，能够从技术进步、技术创新维度精度解构全媒体素养的技术素养内核，能够深度掌握全媒体产业素养的价值意义。

近年来，全国各地的媒介素养研究机构/基地等相继成立，全国领导干部媒介素养培训基地和中国广播电视社会组织联合会媒介素养学术研究基地等声名显赫。中国广播电视社会组织联合会媒介素养学术研究基地、浙江省媒介素养教育研究会以及浙江传媒学院媒介素养研究所联合组织的中国（西湖）媒介素养高峰论坛，已经连续举办九届，在行业内外产生巨大反响。2013年4月，由中国传媒大学和中国公共关系协会联合建立的全国领导干部媒介素养培训基地在中国传媒大学正式挂牌成立，现任全国政协外事委员会副主任王国庆受聘担任该基地理事会理事长和研究院名誉院长，体现了国家高层对媒介素养提升的高度重视。全国领导干部媒介素养培训基地致力于通过知识传授、系统训练、实践演练和案例研究等形式，帮助政府和企业各级管理者更好地认识媒体，增强表达能力、主动沟通的意识和负责任的公仆精神，让领导干部学会与媒体和公众良性互动、诚信沟通。时任中国传媒大学党委书记陈文申教授表示，在当前全媒体和大数据的时代背景下，各级领导干部和企业家都应该具备高水平的媒介素养，善于与媒体打交道，这是一项重要的新要求。中国公共关系协会原会长苏秋成表示，中国越来越得到世界的关注，但也比以往更加需要让世界了解真实的中国，同时，在国内，互联网的发展推动了社会的透明与公开，该协会将致力于增进中国与世界的沟通，促进政府、企业、媒体与公众的良性互动。全国领导干部媒介素养培训基地希望通过向领导干部普及媒介素养，让他们具备必需的媒介素养，重视新闻发言人、重视与媒体的良性互动，鼓励边做边说，快讲事实，重讲态度，诚讲措施，慎讲结论。

四、学校示范

中国特色全媒体素养涵化培育，与瞬息万变的融媒产业发展保持密切联系，牢牢把握融媒产业的发展趋势，紧密契合融媒产业的发展规律，将最新的融媒产业发展形态、中介载体、运营模式、内容及技术手段创新等全面引入全媒体素养涵化培育，使全媒体素养涵化培育的内容与形式与新兴媒介技术及产业发展潮流相契合，反映5G、人工智能等技术创新的特征，能够很好地应对技术创新带来的立体化传播、实时化互动与无边界辐射等。比如将微信、微博、直播等新兴媒体的传播特征、发展现状等全面纳入全媒体素养涵化培育的内容，注重以重大网络事件为素材的案例教学，建立突发舆情观测与评判实验室等，建立微博、微信直播网络实战攻防平台与典型样本传播试验等，使培育不流于形式，具备良好的操作性、引领性、创新性与贴近性等功效。贯穿大中小学教育体系的全媒体素养涵化培育，是我国开展全媒体素养涵化培育的重要主干。它为我国全媒体素养涵化培育提供最基础的人群结构，成为全媒体素养涵化培育向全社会辐射的重要基础。高等院校在开展全媒体素养涵化培育中承担着特殊使命，大学生群体是具有较强创新精神、较高文化程度、较强实践能力的群体，是社会建设与发展的重要力量之一，为推进社会和谐文明进步的重要依托力量。从某种意义上来说，大学生的全媒体素养及道德素质状况，直接决定了社会的基础文明程度及发展水平。

当前，中国特色高等院校开展全媒体素养涵化培育在五个结合方面有所心得：一是与当前的思想政治理论课教学紧密结合；二是与媒介全素养涵化培育规划紧密结合；三是与专业教学紧密结合；四是与产学研用协调创新紧密结合；五是与社会紧密结合。通过五个结合，充分利用好中国高校及中小学现有的条件及其资源，拓展全媒体素养涵化培育的现实基础，努力在较短的时间内建立与当前飞速发展的融媒产业相适应的全媒体素养涵化培育体系。

全媒体素养涵化培育属于大意识形态范畴，与社会主义核心价值观建设及国家文化安全存在着密切关系。高校思想政治理论课的教学背景、关注的命题、教学目标等，与全媒体素养涵化培育存在着较大的重合性。全媒体素养培育为高校思想政治理论课教学提供了新的时代因子、文化要素与教学内容，它激发着高校思想政治理论课教学不断改革创新，更好地应对全媒体时代的挑战，实现思想政治理论课教学的与时俱进。

长期以来，我国的高校思想政治理论课形成了一整套科学规范、运行有效的体系，成为弘扬社会主义核心价值观的主渠道、主平台。全媒体素养涵化培育与思想政治理论课教育的结合，有助于充分发挥和使用当前思想政治理论课培育的良好基础与平台，实现全媒体素养涵化培育在意识形态主流话语体系中的引入，迅速搭建起运行及实践平台。要充分发挥思想政治理论课课程资源，实现全媒体素养涵化培育课程建设的双向交叉。一方面，借助现有的思想政治理论课课程体系及框架，在相关的课程模块单元中加入全媒体素养涵化培育的内容，实现全媒体素养涵化培育内涵在思想政治理论课教学中的深度渗透。比如在形式与政策课程中，可以加入当前网络话语权竞争白热化、意识形态领域严峻的相关素材，和青年大学生讲清楚纷繁复杂的网络现象背后所蕴藏着的政治目的及政治企图，让学生了解网络炒作、网络暴力等表现及实质等。

在思想道德修养与法律基础课程建设中，把培养大学生良好的网络修养、建立良好的网络生态环境、彰显网络公序良俗、维护网络正义、构建网络治理的法律规章制度等内容加入课程教学内容中，让思想道德修养的视角从现实生活延伸到虚拟网络。在马克思主义基本原理概论课程教学中，要把马克思主义理论传播的贴近性、生动性、生活化命题纳入考察视野，与新的时代背景一体考虑，赋予其新的时代内容及创新要素。在实现全媒体素养涵化培育，促进思想政治理论课教学改革创新的同时，也要积极尝试借助思想政治理论课完整的课程体系，加速建立全媒体素养涵化培育课程体系。比如借鉴思想政治理论课从目标设计、教学组织与实施、教学实践模式创新、教学考核及评价等方面的成熟经验，探讨如何建立全媒体素养涵化培育的课程体系、人才培养方案、完善评价机制等，探讨如何根据当前大学生身心结构的新特点，对课程内容、教学手段等进行创新路径探讨。

在立足实际的基础上，通过有效地借鉴与吸收，较快地建立起全媒体素养涵化培育的课程体系，明确全媒体素养的课程设置类别、课程内容、教学手段与方式等，并根据不同学校的实际情况，决定全媒体素养涵化培育在不同阶段的发展策略，研讨全素养涵化培育课是纳入思想政治理论课教育范畴还是建立独立的课程体系。从未来可持续发展的角度审视，全媒体素养涵化培育课程体系在依托思想政治理论课良好平台的基础上，在经历一定时期的孵化后，应建立具有自身鲜明特色、具有较强操作性、紧密贴合融媒产业发展趋势的课程体系。课程体系建设要兼顾融媒产业发展前沿动态、新媒体平台话语权竞争状况及国家文化安全挑战、大学生人格素养、价值追求及综合知识结构状况等各方面内容，综合运用政治学、教育学、心理学、文化学等学科知识，构建全媒体素养涵化培育系列课程体系。编制《全媒体传播概念》《全媒体素养》等通识教材，作为基本教材架构。其中《全媒体传播概念》重在讲清全媒体传播的原理，让大学生明白全媒体传播的基本形态及其发展路径。《全媒体素养》重在让大学生明确新时期培养全媒体素养的极端重要性，明确全媒体素养的构成及其培养方式等。在此基础上，可尝试编写个性化教材，比如《网络话语权博弈》《经典网络舆情案例剖析》《从现象看本质：网络事件本质解析》等教材，针对不同层次、不同爱好的大学生开展分层化、差异化教学。

当前，我国媒介素养涵化培育已经取得较为明显的成绩，积累了良好的实践经验。全媒体素养涵化培育作为媒介素养培育的重要组成部分，要充分利用好已有的媒介素养培育基础，在较高层次上、在较好积累上开展全媒体素养培育。一是要实现两者的理念融合。相对于宏观的媒介素养培育，全媒体素养培育所对应的技术环境及融媒产业发展更为迅猛，由技术创新所驱动的发展形态变革更难把握，夹杂着意识形态领域的激烈博弈，多重政治、经济、文化、社会因素反复作用，形成了一个特殊的复杂综合体。在全媒体素养涵化培育过程中，既要注意围绕融媒产业发展的特征与走向，树立一些创新性理念，又要注意吸收媒介素养培育中的好理念、好思路。比如媒介素养培育开展过程中对群众话语内容、话语形态高度关注所引导的培育方式的通俗化特征，在全媒体素养涵化培育中可以继续得到传承与发扬。

宏扬中国特色高等院校全媒体素养教育，积极发掘媒介素养培育现有的师资力量、课程体系、教学及实践设备等优势，破除传统的行政壁垒，构建一体化资源使用平台，为全媒体素养涵化培育提供良好的软硬件储备。要构建媒介素养培育与全媒体素养涵化培育之间的资源共享机制，在资源分配及使用导向、过程控制、绩效考核等方面提供强有力的制度保障。鼓励部分基础良好、对全媒体具有一定兴趣或者较强实践能力的师资参加一定时间的转岗培训，成为全媒体素养涵化培育的基础性师资。对于现有的媒介素养培育的教学实践场所，尤其是教学实践基地等，要全部向全媒体素养涵化培育活动开放。与此同时，全媒体素养涵化培育所建立的特色化的网络宣传阵地与新媒体全面提升平台等，也要积极向媒介素养培育开放，通过两者的有效融合，更好地促进协同发展。全媒体素养涵化培育作为一项覆盖国民培育系列及社会培育体系的新兴培育内容，影响面大、牵涉面广，亟须社会各个层面的支持与共同努力，利用好媒介全素养涵化培育已有的宣传渠道，通过知识宣讲、编制展板、举行学术沙龙活动、编排舞台剧、开展主题宣传等多样的形式，宣传全媒体素养涵化培育知识，让全体社会受众深刻认识开展全媒体素养涵化培育的重要性、必要性、迫切性，营造良好的社会共识，为开展全媒体素养涵化培育创造有利文化条件，以思想共识的形成促进资源的集聚，促进全媒体素养涵化培育的深入开展。

  中学全媒体素养涵化培育课程的师资，可以由其他关联科目或对该选题感兴趣的老师兼职承担，学校可以联系高等院校，对任课老师进行一定时间的培训，同时也可以聘请大学生兼职开展教学活动等。在中等教育机构全媒体全素养涵化培育实践中，由学生媒介兴趣组形成的课题小组成员进行播音、采编、导播等分工，同时有效合作，各展所长，协作互补。每次节目播出之后，学生可对校园听众进行调查，通过受众反馈全面提升节目质量，加深对媒介使用的理解。同时，学校设立演播室，引进基本的影视制作设备，让学生能够在综合实践课进行媒介创造性活动和实验。将媒介素养的内容和理念融入中学生课程，是全面提升教学质量的另一种途径。语文、历史、政治、信息技术等课程都是比较适宜的培育平台。比如在政治课中，可挑选政治、经济、文化和环保等与课程相关的社会热点为切入点，通过各类影音资料的展示，让学生根据本身已有的常识将学到的知识应用于专门问题展开讨论。也可以要求学生在课后时间通过各种途径获取相关话题的媒体资料，进行分享和讨论。在信息技术课程中，一方面培养学生的新媒体使用能力，另一方面指导他们的网络价值观，避免沉醉于现代技术所创造的优美画面和动听声音等浅层次的使用做法，学生在常规的学习当中能够不知不觉就锻炼自身媒介素养的理论知识和实践能力，提高自己在媒介海洋中的辨别能力和批判能力。

第四节 境外经验

媒介素养涵化培育自20世纪30年代被提出以来，一直在西方发达国家备受重视。经过近百年的理论研究和实践开展，英国、加拿大、澳大利亚、美国等国的媒介素养培育已经日臻成熟与完善。20世纪90年代，联合国教科文组织出版《全球传媒教育的必要性》后，媒介素养培育也受到了更多发展中国家的关注，在世界范围内迅速蔓延开来。

目前，中国大陆的媒介素养理论研究与实践探索有了长足进步，对全媒体素养培育的理论研究及实践推进初见成效，在中国香港澳门、中国台湾地区的相似培育已取得一些成果。国外媒介素养教育及全媒体素养涵化培育及港澳台地区的经验不可能完全适合中国大陆，但其多年的传统媒介素养培育实践有许多宝贵之处可供借鉴。在吸收他国经验的基础上开发中国本土化的全媒体素养培育路径，会有事半功倍之效。对国外媒介素养培育先进经验的介绍并不是一味地"拿来主义"，而应该在分析其理论和实践领域成功经验的基础上，注意到特定政治、文化、历史等因素的局限作用，从中发掘出适合我国国情能够为我国所用的要素。西方发达国家如何形成和提高社会关于媒介素养的认识，如何自下而上地推动媒介全素养涵化培育，如何建立健全学生媒介全素养涵化培育的课程体系，如何深化媒介素养理论对实践的指导，都是我国在全媒体素养涵化培育实践中可以进一步参考借鉴的。

一、构建体系

西方发达国家重视媒介素养理论体系构建，从政府层面的顶层设计到加强师资教育和推广全民普及等都有成系列的政策指导和理论深化。从各国各地区的发展经验来看，媒介全素养涵化培育基本都是在"草根"阶层的倡导下，逐步扩大影响，最终得到政府的承认与支持。我国对媒介认识还有误区，尤其是在教育领域，在家长、教师或学校领导的思维中，学生应该远离媒介，避免受到来自媒介的负面影响，而没有意识到将媒介知识作为培育内容对学生的重要意义。在许多人看来，所谓媒介，都是一些娱乐性质的东西，诸如电影、电视、广告、游戏、互联网，甚至于新闻，都只是无聊时的消遣，不应该也不需要用宝贵的课堂时间来讨论媒介。社会大多数人对媒介存在着偏见，对媒介素养的概念、意义更是知之甚少，因此对公民媒介全素养涵化培育的重要意义也不了解。

回顾西方的媒介素养培育发展历程，不难发现通过教师团体、专家组织的共同努力，全民对于培养学生媒介素养具有很高的认同感，他们已经意识到媒介是一把双刃剑，在给受众带来负面影响的同时也能够促进受众思维能力的发展，帮助他们适应这个科技不断更新，全球化日益普遍的社会。反观我国，目前只有少数研究者关注到媒介素养这个课题，从1997年首次介绍这一概念以来，也只有很少一部分学者和组织在进行理论和实践探索，对学生全媒体素养涵化培育的目的，也多局限在"保护"这一层面上。在这种情况下，全媒体素养相关理论知识和重要意义的普及是非常必要的。西方的经验告诉我们，如同其他的教学改革项目一样，全媒体素养应该是一种草根运动，教师应成为宣传和推广培育的主导力量。只有教师改变了传统的教育思想，认识到全媒体素养是当代社会人必备能力之一，将文本的解读、知识的传授、产品的制作等融入课堂教学中，完善学生的知识结构与思维能力，才能逐步改变其他社会群体（如学生、家长、教育专家、政府部门决策者等）的偏见，体会到全媒体素养的重要性。此外，教师的关注也是推动全媒体素养理论研究的动力，教师作为研究者或协助研究者，只有在自身对全媒体素养有深刻认识的情况下，才能够促进这一领域理论研究的深入，推动"人文涵化"全素养培育理论研究的发展。

西方发达国家能够充分意识到国民媒介素养的地位和价值，能够发挥政府作用，增强顶层设计。我国政府决策权相对集中，能够在全国范围内保持较统一的方针政策，因此，全媒体素养涵化培育领域政府的介入与国外许多国家和地区相比显得更为重要更为有用。在信息社会，政府、媒介和民众之间存在着密不可分的关系，政府通过媒介影响民众，民众也依靠媒介评价政府、反馈信息，从而获取和实现自身的权利和义务。在这样的背景下，受众对媒介文本的解读和判断能力显得尤为重要。如何运用理性的思维来批判性地接收媒介信息，如何解读媒介中发布的政府行为和观点的不同文本，如何将自身观点看法合理合法地通过媒介反馈给政府，都是全媒体素养涵化培育应该考虑的问题。

在西方，教育管理部门明确地规定了媒介素养在学校课程中的地位，还通过政府力量，组织撰写和发行了各种媒介素养培育指南、教材、媒介素养培育相关出版物，并经常举办教师培训班和研讨会。这种种措施体现了政府部门在媒介素养培育中的宏观引导和管理作用，一方面保障了媒介素养培育的地位，另一方面也指明了这一领域的发展方向。这些经验都值得我们学习。政府部门应尽早认识到全媒体素养在新世纪人才培养中的作用，将全媒体素养培育内容纳入正规教育体系，作为学生素质培育的重要内容。管理部门应根据地区发展的不同情况，帮助各级各类学校开发综合性的全媒体素养培育课程，主要是通过将全媒体素养课程内容融入已有学科，如语文、英语、信息技术、综合活动等课程中来实现全面提升学生全媒体素养的目的。

西方发达国家大都有专门的媒介素养培育方面的培育者、专家等组成的协会，通过这些协会的相互沟通合作，在全国范围内保证媒介素养培育的顺利推广实施。这些协会不仅定期组织各种研讨会、出版指导性刊物、交流各种培育资源，还会组织教师培训活动来提高师资力量，推广媒介素养理论知识。西方研究者认为，媒介素养培育者应该具备以下一些能力：在人权／儿童权利框架内认识儿童、青少年和其他人群的参与传播的能力；尊重参与者意见、倾听他们的声音、与他们平等交流的能力；与儿童、青少年和其他人群一起工作并创新的能力；从儿童青少年或其他参与者的视角和经验理解媒介素养培育的能力以及学习使用参与式方法进行教学的能力等。可以看出，除了一些必备的传播学专业知识外，教师还应具备教育学心理学领域的众多知识。我国可以借鉴西方的经验，充分发挥研究协会的作用，为教师提供更多合作、交流、学习的平台，为他们提供专业发展的资源与培训。各级各类师范院校和综合性大专院校也应引入正规的全媒体素养培育师资课程，或是通过在职培训、研究课程、短期培训等方式，促进教师全媒体素养理论水平的提高。教师也应提高自身的教育全球化视野，积极参与到各种培训中，进一步提高自身专业素质。教师应根据各地各学校的实际情况，组织或参与到全媒体素养研究协会中去，将自身教学中的感性经验转化为理性认识，深化对全媒体素养理论的研究，同时通过理论的学习，在教学实践中，帮助学生在这个越来越相互依赖和相互关联的世界里获取知识、形成价值观、培养媒介思维和技能。

在开展媒介素养培育的实践中，西方国家总结了在中学成功开展媒体素养培育的经验，归纳为九大要素，可以作为我国开展全媒体素养涵化培育的借鉴。如同其他的教学改革项目一样，媒介素养应该是一种"草根"运动，教师应成为宣传和推广媒介全面提升的主导力量；管理机构必须给予明确的支持，具体方法是：通过指令性的方式要求学校把媒介学习融入教学课程中来，确定教学指导大纲和教材及教辅资料，保证课程有所改进，同时教学资料到位；教育部门必须招聘有能力、能就媒介素养培育对未来教育提供师资培训的人员，以便在编写教学大纲时，提供学术支持和长期的顾问咨询；学校教师的在岗培训必须是实施教学内容的一部分；学校要设有在媒介素养方面既有经验又能建立传播网络的咨询顾问；必须编写适应该国家和地区的教科书和音像教学资料；要成立能够提供工作室、组织会议、分发通信以及编写课程的媒介素养培育组织。这样的专业组织既要包括学校和社区的领导，同时也要包括对于媒介素养感兴趣的其他人员；必须有对媒介学习进行评估的适当手段；媒介素养包含各种技能和专门技术，一定要有教师、家长、研究人员和媒介职业人员之间的通力合作。

二、全民培育

鼓励社会参与，开展全民培育，是西方发达国家推进媒介素养教育的重要手段。学生全媒体素养的全面提升，需要丰富的教育资源作为支撑，而教育资源的开发，则离不开多方面的协调配合。西方所谓媒介素养培育，紧密围绕着"媒介"这一主题，以媒介为依托，利用媒介强大的资源优势，提供培育教学的丰富资料。如加拿大建立了加拿大媒介意识网、加拿大媒介培育组织协会网、媒介培育中心、媒介素养中心、媒介素养/研究培育资源网等媒介素养专业网站，为从事媒介素养理论研究和培育实践的学者、教师以及媒介受众提供了资源共享交流的平台。西方的一些电视媒体，也会制作许多媒介素养电视节目，更加紧密地将媒介与培育结合在一起。而各国的媒介素养协会，也经常组织编写不同种类的教师教学用书和教材。教师在课堂教学过程中，也紧密与媒介结合，挖掘生活各方面的潜在培育资源。在这样多管齐下的措施保障下，西方媒介素养培育成果显著。

我国对全媒体素养的研究尚处于起步阶段，理论研究不够深入。因此，结合我国实际情况，需要有选择地借鉴国外经验。首先，在信息全球化的背景下，如何协调我国传统文化与外来文化之间的冲突是一个重要的议题。在保护好本国优秀文化传统的同时，积极吸收借鉴外来文化是全媒体素养涵化培育所要达到的重要目标之一。所以在全媒体素养涵化培育资源开发的时候，可根据我国的实际情况，将中国传统文化内容与全媒体素养相结合，开发具有中国特色的全媒体素养培育资源。其次，与广播、电视、报纸、杂志、网络等媒介合作开发一系列的全媒体素养培育栏目，扩展受众眼界，开辟更多的培育信息交流平台。各级教育部门也可针对不同年龄段的学生组织编写一些全媒体素养教材和课外读物，或是由学校根据自身特点编写校本课程。我们可参考西方国家的实践，横向和纵向开发多层次、多领域的课程资源。

全面提升学生能力，加强批判意识，将媒介素养教育融会全球化进程中，是西方发达国家媒介素养全民普及的又一亮点。在全球培育的背景下，西方媒介素养的目的在于培养学生以批判的观点分析媒体如何运作、如何确立意图、如何运用以及如何评价呈现在他们面前的信息。对媒介素养培育最贴切地表达是树立超越国界的全球视野，培养批判性研讨能力，并对培育产生希望。西方媒介素养培育重视全面提升学生的批判性思维，教学中重视"赋权"这一理念。"赋权"即指赋予学习者权力。帮助人们理解知识的建构对他们的思维方式的影响以及应如何解释周围世界，目的是加深他们对自身和世界的理解。因此在媒介素养培育中，以赋权为目标，以受众的文化经验为基础，采用参与式的方法，将培育和知识作为一种探索的过程，鼓励学生质疑、反思、解惑。对学生的媒介全素养涵化培育过程中，我们应该正视学生的生活经验和文化实践，尊重学生的差异和各种不同的观点，赋予学生建构自己知识的权利，使学生掌握批判性思维和文化识别能力的方法技巧。

西方媒介素养培育工作者帮助学生全面提升对媒介的批判能力，以便能够解构媒介文本，抵御媒介传媒的负面影响；同时，西方媒介素养培育过程中对外来文化潜在威胁的关注，对主流文化认同的追寻和坚持，都反映了其将学生培养成具有批判力和自主识别能力的媒介参与者的希望。借鉴西方的经验，我国在开展全媒体素养涵化培育时，也不应只局限于从保护青少年的角度出发采取抵御媒介负向传播的措施，而应结合我国的文化传统与社会现实，让学生成为媒介传播的理智参与者。传播信息涉及个人与社会的方方面面，脱离了社会文化的影响，是不能真正了解媒介的内容、媒介的传播方式以媒介信息背后所蕴含的真正意义的。因此，作为一个有着悠久的历史和深厚的文化底蕴的国家，我国在开展全媒体素养涵化培育时应该关注传统文化对当今社会意识形态的影响，结合中国特有的文化、社会背景来开展全媒体素养涵化培育，培养具有独立的批判性思维能力的学生，并引导学生用本土化的视角观察事物，了解传播文本中蕴含的文化意义。

三、专业特色

国外学者对媒介素养的研究起步较早，在机构专一化系统化、模式针对性多样化、内容明确化专业化等方面做得风生水起，取得了丰硕的研究成果，其培育体系的构建和发展也比我国成熟。我国的全媒体素养教育选择性地借鉴国外的成果和经验，深入到全媒体素养涵化培育的本土化研究当中很有必要。

国际上许多国家已经把媒介全素养涵化培育纳入正规培育体系中，开展专业的媒介素养课程教学。很多国家政府都高度重视媒介全素养涵化培育的实施，并有专门机构来负责推广媒介素养培育，设立培育项目对媒介素养培育的教师进行培训，使得媒介全素养涵化培育的实施系统化、专业化。在媒介素养培育的发源地英国，伦敦大学和南安普顿大学等许多高等培育机构都设立有针对媒介素养教师的培育项目，也有针对那些对媒介、文化、传播分析与制作有学术、职业、培育兴趣的人员开设的相关课程，授予相应的硕士学位。英国政府和地方教育部门也通过各种方式推动培养媒介素养培育所需的专业人才。在起步相对较晚的美国，媒介素养培育也已经得到专业化、系统化地开展。一些州已将媒介素养培育列入学校教育大纲，北卡罗来纳州设有媒介素养培育的教师培训项目。教师专业发展则通过工作坊、观摩交流、研讨班等多种形式开展。① 全美有不少媒介素养培育相关社团在积极推动媒介素养培育。加拿大和澳大利亚也是非常重视媒介素养培育的两个国家。在加拿大，各个省都成立了媒介素养培育协会，很多高等院校都提供媒介素养教师培育课程，媒介素养培育研究已纳入正规的培育课程。澳大利亚几乎所有州都将媒介素养培育纳入学生的必修内容，并且大学中也设立了媒介素养培育学科，设立相应的学位课程，澳大利亚媒介教师协会也为推动澳大利亚媒介素养培育专业化的发展做出许多贡献。可以看到，媒介素养培育的专业化和系统化需要国家、社会、学校各方施力，它不仅关系到教师队伍的建设、系统课程的设立，还有配套的评估体系等，需要的是多方重视和持续协作。我国的媒体全素养涵化培育只有形成专业化和系统化才能更好地推广，才能被学生认可和吸纳。

　　西方发达国家的媒介素养教育的专业化，还体现在培养手段、培养模式的针对性和多样化。媒介素养培育在发达国家的发展模式既有共性可寻，又有基于各国国情的个性存在。从纵向来说，国外媒介素养培育模式可以归纳为自上而下型、中心放射型、网状型等三种类型。自上而下型即由政府和教育部门领头推广的媒介素养培育模式，美国的北卡罗来纳州、佛罗里达州、加利福尼亚州和新墨西哥州都通过有关立法来推行媒介素养培育。澳大利亚政府通过法令使媒介素养培育成为 K-12 教育重要组成部分，英国的伦敦和格拉斯哥等地，地方教育局为媒介素养培育机构提供资金。中心放射型即由民间组织主导对媒介素养培育进行推广的模式，这种模式以加拿大最为典型。加拿大媒介素养协会促使媒介素养培育首次进入加拿大课堂，此后加拿大各省都建立起媒介素养培育协会，规模逐渐扩大，为推动加拿大媒介素养培育做出了巨大贡献。在中国香港、中国台湾地区媒介素养培育中，民间团体和社会组织也发挥着非常大的作用。网状型即媒介素养培育倡导者自发性地进行媒介素养培育的网状扩散模式，如

---

① 杨双双，张艳丽. 基于 PDS 模式的中小学教师教育技术培训探究 [J]. 中国教育信息化，2009（9）：88-90.

在美国的天普大学、南加州大学都有教授根据其个人兴趣推动的媒介素养培育项目。

世界各国媒介素养培育模式各有特色，其中最典型的有英国模式、加拿大模式、美国模式。英国模式受"利维斯式"观点影响，重视对公众批判意识的训练，强调通过媒介素养培育促进公民对媒介的整体理解，树立强烈的分析和批判意识，是"批判—发展"的媒介素养培育模式。加拿大模式继承了英国的批判思维和意识，但是由于受到美国强势的媒介文化的剧烈冲击，加拿大媒介素养培育中独特地增加了"文化识别"的内容，是一种"批判—识别"模式。美国模式是"保护—赋权"的模式：一方面，美国学者认为媒介传播中"色情""暴力"等内容泛滥，媒介素养培育必须使未成年人具有免疫能力，保护他们免受侵害；另一方面，越来越重视对学生"赋权"，意在通过媒介素养培育"使学生掌握对媒介内容中的政治、社会和经济内在信息的分辨能力，最终达到有效而理性地使用媒介的效果"。①

媒介素养教育内容的明确化、专业化，直截了当反映了西方发达国家媒介素养教育的专业化程度。英美加澳等媒介素养培育发展较成熟的国家都已将其纳入学校培育，并依据不同的年龄阶段有针对性地进行分层培养。不同阶段的学生，其媒介素养培育的目标不同，内容也各有特色。英国的媒介素养培育从幼儿园到高年级的目标细化得非常清楚，比如幼儿园时期的目标是培养儿童区分媒介类别的能力，课程内容主要讲授识别常用的媒介标志和认识广告，四年级要求学生能够区分、理解和使用各类媒介，课程内容围绕"辨别大众媒介信息""使用印刷、非印刷材料及数字资源""检查信息的准确性""从安全角度考虑人际传播"四方面展开，八年级的要求是能够理解、分析和使用各类媒介，课程内容从"评价大众媒介作品质量""利用批判思维分析媒介信息的观点""理解媒介作品的创

---

① 白传之，闫欢. 媒介教育论：起源、理论与应用 [M]. 北京：中国传媒大学出版社，2008：97.

作意图"三方面展开。十一到十二年级的目标是理解、分析、评价和使用各类媒介,课程内容围绕四个主要方面:"评价大众媒介中视听元素、特效及娱乐方面效果""明确视觉信息(图像、绘画、电影、图形艺术)和语言信息的异同""了解视觉技巧或设计元素(例如特效、摄影机角度)如何传递或影响各类媒介信息""从道德和安全角度考虑人际传播,知道个人选择可能引发的后果"。①

根据年龄段的不同,美国通常将媒介素养培育划分为儿童阶段、初中阶段、高中和成人阶段等四个层次。明尼苏达州的媒介艺术课程将学生分为三个阶段:幼儿园到四年级(K0-4)、五年级到八年级(K5-8)、高中阶段(K9-12)。K0-4阶段主要培养学生媒介文本分析能力并指导他们进行简单的创作,K5-8阶段主要培养学生媒介创作能力和更高层次的媒介理解、批判能力,K9-12阶段的目标是培养学生与媒介艺术的交互能力,使其成为明智的媒介消费者、终身学习者及高素质的市民。从中可以发现,媒介全素养涵化培育是按照每个阶段学生的特征明确培育目标,并培养他们不同层次的素养和能力的过程。

---

① 姜淑慧. 国外媒介素养培育案例解析及方法启示研究 [D]. 南京:南京师范大学,2012.

第九章 绩效评价

全媒体素养涵化培育优势资源的高效使用,需要建立资源高效的运行机制及绩效评价机制。探索如何建立适应于最大化发挥资源效能的模式,消除制度缺陷障碍,消减资源流动的边际成本,加强对于运行主体的扶持、指导与监督,规范与优化流程设置,明确资源使用中各个节点的定位及其职能,以流程优化有效消减资源中间损耗,提高资源使用率,促进资源集聚。要发挥好绩效评价机制的导向作用,对于整体资源使用效益较好,使用模式较为合理的主体,要在资源配置等方面予以倾斜性奖励。对于发展模式不清晰、运行不理想、使用率低的主体则要适当消减其资源配置份额,让绩效评价体系的杠杆作用更加灵动、更有针对性。

全媒体素养培育绩效评价的引入,对人文涵化全媒体素养培育理论研究、全媒体素养培育体系建设、全媒体素养培育模式构建等发挥着重要的导向、调适与规制等作用,有助于进一步厘清人文涵化全媒体素养培育理论研究重点,全媒体素养体系建设难点、特色及发展轨迹,促进全媒体素养培育体系在实践中不断完善与发展。

第一节 评价现状

我国媒介素养培育经过长期的摸索与实践,已经形成了一整套特点鲜明、具有较强操作性、符合媒介素养培育发展实际的评价体系。目前,加强全媒体素养培育绩效评价,更好地发挥绩效评价的杠杆作用已经进入广大全媒体素养培育研究者与实践者的视野,成为全媒体素养培育过程中的重要的基础性环节。全媒体素养作为在新媒体技术推动下新产生的特殊载体的素养培育门类，依托于原有的媒介素养培育较好的理论基础与实践条件，在各个方面开展了卓有成效的尝试。全媒体素养培育绩效评价体系，体现出了较为鲜明的全媒体传播、全媒体管理、全媒体产业等同步运行的特色价值，不再遵循传统的先有理论探讨，不再沿袭先有培育理念、培育内容、培育方法、培育模式的建设，而是具有后续绩效评价与反馈体系建设的路径。全媒体素养培育绩效评价标准、内容、区分度等在培育体系建设中得到充分考虑，最大程度地释放了我国已有的媒介素养培育工作的良好基础与优势。

一、发展背景

当下，全媒体素养培育绩效评价体系研究与实践取得了初步成果。借助于媒介素养培育绩效评价的良好基础，我国全媒体素养培育绩效评价迈出了扎实的步伐。我国学者在全媒体素养培育绩效评价的指导思想、评价边界设定、评价因子分布、实施原则、结果运用等方面进行了有效探索，并在若干个案实践上取得了一定的进展，进一步丰富了理论研究的成果。比如对于全媒体素养培育绩效评价体系既要关注传者的正确传播导向及素质能力的全面提升状况，也要充分关注受众的文化鉴别力、文化传播力、文化导向力、文化执行力等的提升状况；既要关注培育效果的综合考察，也要注重对其过程的采样监测；既关注当前取得的培育效果，同时又充分注重我国媒介不平衡发展水平现状以及多样化文化结构层次的受众对全媒体素养培育长效结果的诉求等。

在我国全媒体素养培育绩效评价实施原则中，既关注如何能客观地反映全媒体素养培育的现实状况，又能与当前评价资源的投入与供给状况相适应，同时高度关注全媒体快速变革的发展特征，使全媒体素养的培育与行业技术进步相匹配。这些理论与实践问题总体而言仍处于探索状态，实质性地推进了全媒体素养培育工作。从整体上看，全媒体素养培育绩效评价仍处于起步阶段，这与我国全媒体素养培育的现状大体对应。我国全媒体素养培育绩效评价存在着各种各样的问题，有些问题是应用层面的技术性环节的梳理与优化问题，有些是深层次的观念问题，而有些则是全媒体素养培育整体定位与目标设计所引发的连锁反应问题。具体而言：

一是全媒体素养培育绩效评价的整体水平亟待全面提升。当前在全媒体素养培育的绩效评价中，虽然在一定程度上已经关注到目标设计、过程实施与绩效评价之间的联系，但大都流于工作衔接层次的合作，就培育环节、培育内容相对应的评价标准及评价尺度而言，信息传导及运行模式相对单一化，路径演变呈现出顺承性的单向流通特色。全媒体素养培育绩效评价的过程、目标与评价之间的内在规律性有待进一步梳理与厘清。全媒体创新性的目标设计、过程手段与特色化的评价机制之间有待于形成更为有效、多样化的合作机制与协调模式。过程、目标与评价体系之间多向度、多维度的复合性合作关系亟需得到确立。通过富于创新性及可行性实践的评价，反推全媒体素养培育目标及优化实践体系成为当前的一个重要课题。

在当前全媒体素养培育的整体发展水平不高的情况下，可以尝试以全媒体素养培育评价为突破口，带动全媒体素养培育顶层设计的开展与优化，不断提升全媒体素养培育的水平。全媒体素养培育亟需与社会培育体系之间形成更为紧密的合作关系，探索与多种社会载体、社会资源、社会要素形成联动与整合效应。利用现有的媒介素养培育成果，深入分析媒介素养培育与全媒体素养培育之间的传播内容、传播形态和传播路径方面的内在差异性，吸取媒介素养培育的有效成果，变简单"移植""嫁接"为创新性地"迁移使用"，这种对比研究与探索是对各级全媒体素养培育者与研究者的重大考验。当前全媒体素养培育横向联系不足极大制约了其发展平台和发展空间，也在某种程度上造成了其在社会主流话语体系中的

"弱势"。全媒体素养培育作为一个新生事物，未有效牵连与整合关联项目及资源，评价以及整体发展中的横向联动严重不足。一方面造成全媒体素养培育基础及发展平台得不到进一步夯实，制约了其社会影响力的全面提升。同时也直接导致了评价体系很难全面、客观兼顾到宏观的发展视野。评价体系的系统化不足导致了在具体环节中资源疏导与流通不畅，社会影响力与辐射面受到极大辖制，也造成了全媒体素养培育在社会主流培育语境中的"话语矮化"。

二是全媒体素养培育绩效评价的可行性实践水平亟待全面提升。当前全媒体素养培育整体进程中的可行性实践措施不够充足，同样也影响评价体系可行性实践建设水平。全媒体素养培育绩效评价的可行性实践水平缺陷，主要表现在评价体系的设计较多地依赖于理论研究成果直接转化，学理性较强，与实践运用存在着一定差距。受当前全媒体素养培育实践活动较少、实践经验积累不足等原因的制约，全媒体素养的培育效度、信度、考核内容、考核方式等设计缺乏实践检验的量化标准，在试点过程中存在着指标对应性不强、指标观测困难、指标缺乏指示向度等具体问题，一些指标在实践中缺乏现实意义，一些指标与其原本的考核意义存在背反等。比如全媒体素养探索相关的受众到达率、影响有效率的考察与受众职业分布、全媒体接触状况、区域文化经济发展水平存在着密切的关系，简单地量化测量数据不能反映受众全媒体素养状况。同时全媒体传播具有潜移默化性与重大事件集中爆发性的双重指标问题，那么，合理设计两者的权重，也成为一个重要课题。绩效评价体系的"水土不服"与"凌空化特征""学理化特征"等在一定程度上弱化了考核体系的指标有效性及规制价值。

评价体系的可行性实践缺失，还表现在目前考核指标设计中没有很好地适应全媒体技术与智能系统快速发展的浪潮。新的传播理念、传播方式、新的媒介形态、新的重大舆论事件的社会发酵及传导方式，新的媒介技术等带来了深刻的传播革命，引领了传播素养培育评价内容、评价标准等的全新变革。在全媒体素养培育绩效评价体系设计中，缺乏对新的媒介技术所引领的媒介形态变革、传媒革命等的有效呼应，指标体系设计的前瞻性与引领性不足，引发了一系列问题，比如针对智能手机终端迅速普及、移动媒体产业快速成长、拇指经济、拇指影响力急速崛起的现状，全媒体素养培育如何有效开展，如何针对性设计高流动人口的培育方式，如何考核全媒体素养的培育成效，课时、培育时间是否仍然作为基本的考核评价方式等，都是值得进一步商榷和探讨的关键因素。

全媒体的立体性、多元扩散性，对其传播失范危害的评估，素养培育环节如何优化设计，如何将全媒体素养培育绩效评价与重大网络舆情的事先预警、苗头性因素排查、事中突发事件应急处置、事后归纳总结等紧密结合起来等问题，考验着各级培育者与研究者的智慧和应变能力。考核体系的可行性实践缺失还表现在与现有的主流培育手段方式缺乏有效互动。绩效评价实践本身是一个复杂的体系，虽然全媒体发展有其自身的鲜明特征，但是长期以来我们赖以使用的规范化的学校培育阵地、社会志愿者服务阵地、网络舆论阵地、智媒体阵地等仍然应该是全媒体素养培育及绩效评价的重要阵地及指标依据。全媒体素养培育中对"全"的片面扩大化解读较易造成对原有培育平台、培育体系的简单偏废，形成"矫枉过正"的片面化解读效果，进而抽提了原有培育体系、培育平台中的可行性实践内核，使全媒体素养培育绩效评价体系中的可行性实践诉求缺乏具体有效的支撑。

三是全媒体素养培育绩效评价的特色亟待突出。全媒体素养培育绩效评价体系在遵循一般标准与规律的基础上，要根据区域社会经济文化特色、所在区域的智能融媒发展水平、高等院校办学特色等建设有针对性、有特色、差异化的绩效评价体系，尝试建立"校本"评价模型或区域特色指标体系等。当前全媒体素养培育绩效评价中的特色性不足极大制约了其培育形式的丰富与拓展，对培育成效的全面提升带来了较多的制约。其主要表现形式是评价分层分类不够科学合理。全媒体最主要的特征是具有高度指向性的精准化、智能化、互动化传播模式。微博虽然具有发散性传播的特征，但其用户群体具有一定的黏性，即具有一定聚合性的群体结构化特征。不同区域经济文化社会发展水平存在着显著差异，全媒体传播的覆盖面、传播形态、传播方式等存在着较大差异，应该根据不同区域的现实状况，设立分层化的绩效考核模式。比如，对于全媒体传播发达地区，要以全媒体素养培育的过程评价、培育有效率、培育活动的质量与水平作为重要的考核依据，而不能以简单到达率作为主要考核评价标准。而对于全媒体传播欠发达地区，则首先可以将培育达到率作为主要考核标尺。我们应根据不同区域社会经济文化水平，尤其是全媒体传播状况建立分层化标准模式及分类化考核尺度。当前考核体系设计中对区域差异的关注度不足，指标体系设计的同质化问题不能客观反映全媒体素养培育的实际状况，进而失去了指导与规制价值。

我国全媒体素养培育的特色性不足，还表现在对现有的良好的思想政治、媒介素养与意识形态培育模式缺乏有效的传承。很多学校在长期的办学历程中积累形成了良好的思想政治培育模式与育人特色，我国的共青团系统也建立形成了独特的思想理论宣传培育体系，志愿者文化已经形成了良好的社会氛围。媒介素养培育在我国大中小学开展了卓有成效的实践活动，积累了丰富的经验等。近几年来，我国终身教育体系得到了进一步完善与发展，继续教育在不同地区、不同层次、不同类别的群众中得到了普遍开展，多样化的社区教育模式也得到了进一步完善与发展。这些都是新时代开展全媒体素养培育的重要基础。当前我国在开展全媒体素养培育的进程中，只是注重简单移植一些媒介素养培育的方法及考核手段，为思想政治教育、高校育人及意识形态工作中的有效因子、优秀传统、特色性要素等缺乏有效的传承与发扬，弱化了全媒体素养培育的现实基础，为全媒体素养特色化模式及评价体系的建设带来了较大的不利因素。如何立足现有的思想政治工作、高校育人、社会化培育体系的良好基础，探索其与全媒体素养培育的有效嫁接点，进而萃取出各具特色的全媒体素养培育模式及评价机制成为新时代全媒体素养培育研究者与实践者面临的重要课题。

四是全媒体素养培育绩效评价的理论水平亟待全面提升。理论水平不足主要体现在评价体系自身内在的逻辑关系需要进一步梳理，评价标的物的采样原则与研究边界需要进一步明确，评价模型的合理性、区分度、信度、效度需要进一步论证，评价体系的指导思想、实施方法等需要进一步厘清，评价结果的反馈效应需要进一步疏通等。这些问题的产生归结于理论研究储备的不足，实践检验的缺失。当前评价缺乏针对性的、有组织的研究与论证，缺乏在一定范围与领域内的"试错"，在理论研究与实践验证等方面均处于初级层次，其科学性需要通过理论与实践两方面的共同努力予以补足。这些问题的解决有赖于全媒体素养培育体系整体的完善与优化，包括实施主体、实施路线图的进一步建立健全、完善与优化等。

二、问题分析

媒介素养培育经历了十余年的发展，已经在我国形成了一定的培育规模，形成了较强适应性和良好操作性的培育模式，建立了相对完善的培育体系，在一定程度上进入了党委政府的主流话语体系。然而，各级党委政府、高等教育及研究机构对全媒体素养培育引进的背景、目的、策略、意图及发展路线图等仍存在着较多疑虑，对其开展的必要性、重要性、迫切性认识不足，尚未将全媒体素养传播纳入党委政府意识形态培育与媒介素养培育的议事日程。全媒体素养传播缺乏党委政府在政策层面的有效支持，获得的资源受到极大局限，直接影响了全媒体素养培育的开展，也直接导致作为培育体系终端环节的评价缺乏有效支撑，运行乏力。

全媒体素养培育概念本身存在一定解释空间，一些基础性概念有待进一步厘清，全媒体素养培育开展的前提、背景、目的等需要有规范化、科学合理的解释文本。全媒体素养作为一个新兴概念，如何与传统的媒介素养培育概念进行有效区隔，如何与新媒体素养等进行有效的界分，全媒体素养的性质、实施背景、发展模式如何等都需要进一步予以界定。作为一个尚未在学术界和教育界获得"规范认定"的培育概念，它的推动会遭到各个层面的阻力，严重影响全媒体素养培育实践活动的开展，科学合理的评价更如同"无源之水"，明确全媒体素养培育的定位与性质等成为当务之急。

全媒体素养培育是专业化培育、小众化培育还是普及性培育、全众化培育；是传统媒介素养培育的分支还是新兴媒介素养培育内容，全媒体素养培育的团队来源于哪里；团队构成有什么需要；针对全媒体传播发展的现状，其主要活动抓手与依托平台在哪里；绩效考核机制如何有效反馈到其运行实施体系中去……这些问题均亟待解决。

当前，在媒介素养研究与实践中存在着一种不良导向，即片面注重宏大目标体系的设计，注重对实施过程精心规划与要求，轻视对于结果的评价及其转化运行。这同样体现在全媒体素养培育评价体系的建设中。当前在开展全媒体素养理论研究与实践中，过分将注意力集中在对全媒体理念的阐释，全媒体培育目标设计及实施体系的构造中，对于全媒体素养培育评价关注度不足、着力不多，取得的研究成果少、获取的实践检验缺乏。与此同时，在全媒体素养培育领域，整体基础薄弱的现状也使得一些先行开展试验的团体与个人更加乐意集中注意力到较为直观、最易突破的实践领域，对开展绩效评价体系研究与实践既缺乏主观能动性，也尚不具备良好的实力基础。

第二节　目标原则

全媒体素养培育绩效评价是一项系统工程，涉及绩效评价体系的导向问题、价值尺度问题、定位问题、评价模型设计问题、评价体系结果分析研判问题、评价结果迁移使用等问题，同时也必须高度注重素养培育以及意识形态培育的内在规律，将身心结构构成、认知转化规律、多种要素涵化培育、文化极化效应等纳入考评体系，注重考评体系分层化设计，注重考评的自我发展、自我完善性建设，始终围绕"人的意识全面提升及素质养成"谋划考评体系的建设。将全媒体素养培育评价与现有的高校育人评价体系、意识形态培育评价体系、媒介素养培育评价体系等紧密结合，在寻求制度的联动、共享与伸展空间的同时，注重制度与特殊文化土壤、经济发展基础、培育实际与特色以及基本国情等的有效衔接。

全媒体素养培育绩效评价目标，是初步建立与当前我国全媒体素养培育现状相匹配、适度超前全媒体素养培育现状要求、体现全媒体素养发展趋势及内在规律要求的、客观反映全媒体素养培育现状、有效反哺与指导我国全媒体素养培育改革与完善的评价体系，将诊断功能、导向功能、惩戒功能和迁移功能等全面释放出来。

全媒体素养培育绩效评价的诊断功能，立足当前的培育现状与时代背景，客观分析与总结当前全媒体素养培育存在的主要问题及其内在成因，能够客观反映全媒体素养培育中继环节及其过程性问题等。对问题的呈现与反映能够与相关的主客观环境等形成有效的呼应，使问题的诊断与应对更加客观，具备更好的现实指导意义。全媒体素养培育绩效评价的导向功能，明确反映出全媒体素养传播体系建设的发展趋势与未来方向，体现全媒体素养培育的内在规律性，指导培育薄弱环节的不断完善，体现科学的资源分配原则与导向，明确在全媒体素养建设中"倡导什么、限制什么、反对什么"，体现基本的价值尺度与行为逻辑。全媒体素养培育绩效评价的惩戒功能，是通过评价体系的政策杠杆，明确对优秀表现的政策性奖励条件，对不足行为的惩罚措施。通过政策评估对优秀的案例与群体予以政策性激励、保护与褒扬，对不足行为给予有效规制，既形成实质性的政策工具杠杆，又构建科学良好、导向明确的文化氛围，打造软硬兼备的发展环境。全媒体素养培育通过评价体系系统回溯与总结全媒体素养培育的目标定位、实施过程等各个环节、各个要素，通过对实践结果的科学评估与分析，不断优化与完善全媒体素养培育的目标定位、实施原则、发展策略等，提高全媒体素养培育的质量。

为了全面实现全媒体素养培育绩效评价既定目标，发挥诊断功能、导向功能、惩戒功能和迁移功能等的积极效应，必须遵循渐进性原则、重要性原则、关联性原则和大众化原则。

一、渐进性原则

作为一项全新的探索，全媒体素养培育绩效评价体系在建设过程中面临着诸多新情况、新问题。这些问题中，有些是属于观念层面的问题，有些与当前的管理体制与运行机制存在着密切的关系，很多问题与当前快速变化、挑战严峻的意识形态问题息息相关。全媒体素养培育绩效评价没有现成的经验可以遵循，没有现成的模式可以照搬。全媒体素养培育绩效评价体系建设，不能期待在体系建设上一蹴而就、一步到位，达成相对理想的结果，必须始终坚持在实践中不断改革、不断完善、不断检验、不断发展的理念，有条不紊，循序渐进。全媒体素养培育绩效评价体系建设，必须依托现有的基础，结合意识形态领域的最新状况，建立由点到面、分层次、分阶段、分步骤的建设路线图，明确不同时期的建设重点，逐步建立与完善全媒体素养培育评价体系。比如可以尝试制定分年度建设规划，明确在一定时间范围内的建设要求等，循序渐进开展编制与实践工作。对于尚没有现成经验、把握不准的政策议题，可以在一定范围内开展"试错"试验，通过实践获取正反两方面的经验，不断优化评价模型，为正式推广奠定良好的条件。

要保证全媒体素养培育绩效评价体系建设的层层推进，务必保持对政治环境、经济环境、人文环境、技术环境等各种环境条件的高度敏感。作为具有鲜明意识形态取向的全媒体素养培育绩效评价体系，在建设与发展中，既要能反映全媒体素养培育中的深层次问题与矛盾，回应全媒体素养的内在规律性问题，同时又要能迅速反映全媒体素养培育中发生的各种各样的问题，具有对各种现象的灵敏把握与迅速传递能力，以便在第一时间应对和处理各种问题，将各种不良媒介倾向、危害性媒介信息、爆发性媒介反应，媒介素养培育中的"肠梗阻""不落地""形式化"现象扼杀在萌芽状态。要根据传媒技术及媒介形态快速变革的要求，适时调整与完善全媒体素养培育评价体系。当前，传统媒体与新兴媒体融合发展的态势已经形成，数字化、网络化传播高新技术的快速发展，正在突破传统媒体行业内部以及与全媒体、移动等相关领域之间的技术壁垒与市场分割。广电网、电信网、互联网三网融合的发展势头不断增强，网络电视、手机电视、移动多媒体广播电视、有线电视互联网接入等新技术层出不穷。在全媒体素养培育绩效评价体系建设过程中，要根据传媒改革的最新趋势，对全媒体素养培育指标内容、考核标准等进行及时优化与完善，以期能更好地适应传媒变革与人民群众精神文明建设的需求。根据传媒本身存在的鲜明的意识形态属性，对媒介信息传播中，尤其是在微信、微博等全媒体媒介传播中存在的碰触"底线"、突破"红线"状况，评价体系要形成快速反应，及时阻止，并对应对策略及处理成效进行全面追踪，在绩效评价考核中实行"一票否决制"。

二、重要性原则

坚持重要性原则，就是要抓主要矛盾，边建设边总结边整改工作。对于一定时期内的建设成效，要根据快速变革的传媒技术发展态势及传媒产业创新现状，以及党和政府阶段性的意识形态教育重点，及时予以完善、总结与整改。对于全媒体传播时期微博、微信不良舆论病毒式扩散、迅速发酵、话题炒作的现实，在全媒体素养培育过程中就要有针对性地考虑对策，探讨如何在传者与受者两个方面实施有针对性的应对举措。不同地区可根据不同的区域政治经济文化社会发展状况，设计"错时"发展、差异化发展的实施步骤。要努力形成在坚守全媒体素养培育核心价值理念基础上，"不拘一格""百花齐放"的发展模式实践创新案例，推动全媒体素养培育真正上接天花板、下接地气，真正入脑、入心。重要性原则，即在绩效评价中，要始终抓住主干、抓住核心，以核心能力与主干素质的全面提升引领其他方面的进步，推动评价体系稳步、有效推进。

全媒体素养培育绩效评价遵循重要性原则的同时，要考虑到便于操作，这可能会决定着评价体系的可持续发展性。全媒体素养培育绩效评价体系从本质上讲是一个应用型体系，必须在实践中接受检验，在实践中发挥效能。在全媒体素养培育绩效评价中，既要注重理论层次的创新性，将最新的理论研究成果运用到考核指标体系设计中，同时要规避以单纯的学理性、研究性影响指标体系的应用性、可行性实践特色，使绩效评价浮于理论研究层面。遵循便于操作性的原则，要求在绩效评价体系数据采集、标的物设置中，必须按照观测直观、易于采集、便于考察的原则，尽可能减少和降低源头采集的难度及考察成本。

在评价模型设计中，要避免复杂运算多线条的交叉运用，抓住反映事物最本质特征的核心指标内容，本着便于操作的精神，直观反映全媒体素养培育质量与水平。在评价体系的运用中，要坚决避免复杂冗长的理论阐释，直接阐明指导性修正与完善意见等。要注重综合运用多种技术手段与方式，通过网络方式与手段等采集数据，通过技术手段让系统自主完成初级运算与判断。可以采用典型案例分析与采集面综合布局相结合的方法，在注重数据信度、效度的同时，尽可能减少中间环节的繁复冗杂，将指标体系设计的重点放在指标体系建设的科学性、合理性上，将重心放在流程掌控与程序规范上，规范程序，减少操作过程中的随意性，进而确保动作不越位，规避动作不到位、乱作为等状况的出现。

三、关联性原则

全媒体素养培育绩效评价是一个完整闭环，必须要遵循注重关联性的原则，即整个评价体系处于高度关联之中，循序渐进原则与重要性原则高度关联，重要性原则又要兼顾到便于实际操作。从宏观层面分析，全媒体素养培育绩效评价与党委政府意识形态建设、传媒技术创新与传媒改革、我国高等教育改革、媒介素养培育发展等存在着密切的关系。

在全媒体素养培育绩效评价中，要注重充分发挥各方合力，形成整合优势。首先，在全媒体素养培育体系设计及绩效评价中，要牢固树立多主体概念，注重发挥好党委政府相关职能部门、高等院校、传媒机构、社会团体、研究机构等的作用，将全媒体素养培育纳入相关部门的决策视野及实施规划中，确保其进入主流的话语体系或决策议程。赋予该新兴概念以"国民待遇"。其次，在全媒体素养培育体系设计及绩效评价中，要牢固树立资源联动概念，尝试构建跨部门、跨主体、跨领域，甚至在条件成熟背景下组建跨区域的联动运行平台，吸纳多种资源、拓展多种渠道，有效提升全媒体素养培育体系建设的内在竞争力，同时也让绩效评价体系更加全面地反映各相关主体的发展状况，更加全面地发挥其诊断、导向及其规制作用。最后，在全媒体素养培育体系设计及绩效评价中，注重发挥导向迁移功能的多重辐射性。全媒体素养培育体系建设有赖于社会大环境的完善，绩效评价中所呈现与反映出的问题，也需要通过多重手段促进各相关主体、各环境要素的不断改革与完善，进而营造良好的发展大环境。

四、大众化原则

全媒体素养培育绩效评价，以传者与受者全媒体素养的全面提升为根本目标，作用对象及评价范围覆盖所有的媒体从业者及传媒受众，必须充分考虑到最广大群体的知识文化结构、社会文化条件等，满足最广大人民群众的文化诉求，应对社会文化领域尤其是全媒体领域最主要、最核心的命题，以最基础和大多数群体的素质的全面提升为主要突破口，以大众的对象群体、大众的服务标准、满足大众的文化需求、促进社会主义核心价值体系建设作为全媒体素养培育的基本定位与价值诉求。因此，全媒体素养培育绩效评价要遵循大众化的原则。当前由于受到全媒体素养培育整体发展水平的局限，全媒体素养培育只在我国部分高校与社会公益性团体中开展，尚处于小众化发展阶段，导致一些学者与专家将全媒体素养培育绩效评价体系界定为小众化、精英化体系，在培育覆盖面、辐射面及影响面上给予了一些限制与束缚。全媒体素养培育绩效评价要改变这种局面，纠正这样的定位与全媒体素养培育的基本发展目标、承担的历史使命等存在的明显误差。

为了保障全媒体素养培育绩效评价大众化原则，要坚持激励与惩戒并重，将绩效评价体系本身具有的导向、诊断、激励、惩戒功能灵活运用。先进文化与落后文化之间的深度博弈，外来文化与本土文化的深度交锋，都要建立与健全泾渭分明的边界框架。激励就是在全媒体素养的培育及评价中，大力弘扬社会主义核心价值体系，大力宣传与推行贴近实际、与人民群众的审美习惯与文化诉求高度契合、形式灵活多样、具有较强感召力与影响力的培育方式与培育途径，坚持以正面的力量引导人、鼓舞人、激励人，将良好的培育模式上升为培育范式，予以总结和推广。惩戒就是必须牢固树立"旗帜"意识，对于与社会主义核心价值体系相背离，流于形式、感染力差、人民群众不接受、培育效果不理想的培育理念与培育行为予以坚决抵制，通过评价的政策杠杆作用，在资源赋予、干部选任等政策环节中予以严格限制，消减其发展空间与土壤，牢牢确保传媒培育与意识形态培育的导向问题，把优势资源集中到最有效、最科学、最合理的平台上。

第三节　基本步骤

全媒体素养培育绩效评价是一项系统工程，基本步骤可以分为确定评价对象、选择评价指标、设计权重分配比例和创新体系编排等，最终推演出完整科学的绩效评价指标。

一、确定评价对象

全媒体素养培育绩效评价对象应分为全媒体传者的素养培育绩效与全媒体受众的素养培育绩效两类。全媒体传者的素养培育绩效主要考核全媒体从业者弘扬社会主义核心价值体系，把握与引领舆论的能力，媒体创意与创新水平，建设性使用媒介的能力，重在考察基于全媒体从业者的素养培育体系建设的目标定位、发展模式、运行机制、实际成效等。全媒体受众的素养培育绩效主要考核在全媒体快速发展背景下，全媒体受众建设性使用媒介信息，严格进行自我约束，倡导与弘扬社会正能量，发挥全媒体在全面建设和谐社会中的作用等方面的状况，重在考察对于全媒体受众的媒介素养培育体系的建设水平、建设质量及建设成效等。

当前，全媒体技术快速发展，全媒体传播终端蜂拥而至，全媒体传播形式纷至沓来，全媒体评价对象呈现出聚合化与交叉化态势。全媒体信息传者与全媒体受众及全媒体管理者之间的身份界限不再明显，甚至呈现出同一化的特征，微信、微博等信息的发布者同时也是信息的接受者和信息的管理者。在评价对象的确定中，要高度关注到同一性带来的评价体系的叠加效应，在考核标准、考核内容、考核边界等的设定中充分兼顾到两者身份及话语内容重合的现实状况，甚至可以就此增列一些特色性指标，比如话语传导的速度、身份同一性背景下话语过滤与自主把关能力状况、同一性背景下对媒介的建设性使用能力、话题迁移与引领能力等。在评价中注重考察针对传受一体所建立的特色性培育理念、培育模式、培育机制的实施状况等。

虽然全媒体素养培育中的同一性特征明显，但是在确立评价对象时，应根据我国媒介现有的发展格局及传播现状，顺应已有的媒介管理体制及管理路径，采用全媒体从业者的素养培育绩效与全媒体受众的素养培育绩效两分法考察类别。在传者、受者与管理者身份状态模糊的情况下，按照其在话语平台上的主体表达视角、网络经历等确定其大致归类，并适当兼顾到身份叠加所关联的相关培育内容的拓展。在考核评价对象的确立中，在对两大培育平台进行绩效评价后，还需要做进一步的细化延伸，比如对平台建设背后的政府工作力度、高校投入及社会化供给平台的建设状况等各项要素进行跟进评估，努力从内在体制机理上为进一步完善培育体系，全面提升全媒体素养培育质量提供强有力的服务。

二、选择评价指标

评价指标的选择要本着最能反映全媒体素养培育实际成效的原则。评价指标并非越多越好，要注重学理性与可行性实践相结合，以可行性实践为主，过程考核与目标考核相结合，以过程考核为主。在全媒体传者的素养培育绩效考核中，应重点确立全媒体从业者的媒体事故发生率、优质媒介内容资源的生产率、媒介内容影响力及重大舆情引导力等目标考核内容，建立全媒体从业者团队素质构成状况评估、再培育再培训状况评估、培训形式内容及平台创新状况评估、媒介素养特色培育自选动作评估等过程性评估内容。在全媒体受众的素养培育绩效考核中，应重点确立受众接受、再生产、再传播全媒体信息等建设性使用媒介能力，对复杂媒介信息的辨别、过滤把关能力，受众的意识形态导向性以及整体的审美层次状况分析评估等。要重点观察受众全媒体素养培育的内容及方式的现实成效，培育体系的活动开展状况，活动时间长度、活动方式是否贴近人民群众生活、是否具有实效，是否结合不同区域特色，开展了有针对性及创新性的活动，整体的建设进度是否与全媒体的发展速度相匹配，受众在重大网络舆情事件中的整体表现及个案作为等。科学良好的指标选择将有助于迅速把握全媒体素养培育的热点与焦点，扭住工作开展的牛鼻子，厘清工作的思路，实现事半功倍的效果。

三、设计权重比例

权重分配比例体现着鲜明的评价导向。当前在全媒体素养指标体系设计中，全媒体从业者与全媒体传播对象两者及其所各自依附的培育平台分别建立与形成各自的评价权重体系。评价权重的量化指标只在各自平台内做适当调适。在全媒体从业者的素养培育体系中，要把评价权重适当倾斜到"做"的效果体现上，即全媒体从业者整体素养的综合呈现结果，而不是简单拘泥于培育时长、培育形式等，鼓励自主开展有特色、有成效的相关培育实践活动。

全媒体传播对象的素养培育更多地要将考核重点集中在受众的整体行为方式呈现上。因为受众群体庞大，最终的舆论呈现效果也取决于多方面的因素，所以受众应对媒介的能力与水平，对全媒体的掌控与舆论引导能力，受众建设性使用媒介的能力将成为考核的重点，而这些考核项目直接落地到受众全媒体素养培育平台的打造上，包括平台条件的供给、培育理念的创新、培育方式方法的改革、培育机制的完善等。在该评价中，要关注做了什么，做的程度、质量与水平如何的问题，而不能简单将社会舆论引导效果、全媒体的现实挑战、重大舆情事件的发酵等问题简单归结到受众全媒体素养培育体系建设水平高低的命题上。同时要注意，权重比例是一定时间段内的产物，与事物的发展水平存在着密切的关系，权重比例必须要随着全媒体素养培育的水平提升而不断创新与发展，更好地适应新时期全媒体素养培育改革与发展的需要。全媒体素养培育绩效评价采用的方法可以多样化。比如数学模型法，通过设计专业评价考察函数模型，将面板数据经过科学合理的程序处理，生成相关考察结果，进而得出绩效评价结论。数学模型法较为客观地反映事物发展的真实面貌，其缺点是缺乏理性动态思维，需要人工做进一步地梳理及完善。

四、创新体系编制

当前的全媒体素养培育绩效评价体系，分为全媒体从业者传播素养培育绩效评价体系和全媒体受众传播素养培育评价体系两类，忽略了全媒体素养培育的管理者绩效评价，因此有必要进行创新性全媒体素养培育绩效评价体系编制工作。当下，我国的全媒体从业者传播素养培育绩效评价体系由构成性指标、支撑性指标及衍生性指标三部分组成（见表9.1）。

表9.1 全媒体从业者传播素养培育绩效评价体系

构成性指标	全媒体从业者媒介产品导向事故率
	全媒体从业者媒介产品质量综合评价率（包括媒介价值导向、媒介内容、媒介形态、媒介影响等方面）
	全媒体从业者重大舆情引导力及处置情况评估
支撑性指标	全媒体从业者媒介素养再培育、再培训达标情况
	全媒体从业者媒介关联性社会公益、社会责任践行评估
衍生性指标	全媒体从业者传播素养培育平台硬件建设情况（包括相对固定的线上与线下平台、师资配备、课程体系建设、实践课程安排、资源投入及供给保障水平等）
	全媒体从业者传播素养培育平台软件建设情况（包括体制机制、目标定位是否建立及其科学，运行机制是否有效，全媒体媒介从业者评价状况等）
	社会受众对全媒体从业者整体职业素质、主流舆论引导能力的评估状况

区别于全媒体从业者传播素养培育绩效评价体系，全媒体受众面非常大，且地区经济文化社会发展水平差异巨大，受众层次、类型结构相对复杂，所以在全媒体受众传播素养培育评价体系中不再设计诸如整体舆论把控能力、重大舆情突发事件中的整体表现、群体导向能力等构成性指标内容。全媒体受众传播素养培育评价体系由支撑性指标及衍生性指标二部分组成，具体构成如表9.2。

表 9.2 全媒体受众传播素养培育评价体系

支撑性指标	全媒体受众接受媒介素养培育内容、时间及形式评估
	一定区域内全媒体受众媒介素养认知及对主流舆论价值取向认同度抽样
	一定区域内全媒体受众建设性使用媒介及在重大舆情事件中的价值导向及能力状况评估
衍生性指标	全媒体受众传播素养培育评价体系硬件建设水平（包括相对固定的线上与线下平台、师资配备、课程体系建设、实践课程安排、资源投入及供给保障水平等）
	全媒体受众传播素养培育评价体系软件建设情况（包括体制机制、目标定位，运行机制，全媒体媒介受众评价状况等）
	党委政府、高等培育、研究机构、社会团体、传媒机构等就全媒体受众传播素养培育体系协同创新的情况，社会化培育机构与学校培育体系的整体建设水平及协调状况等
	全媒体素养培育体系政策文件顶层设计情况等

在当前情况下，受到全媒体素养培育整体处于起步阶段等情况制约，全媒体从业者传播素养培育绩效评价体系中构成性指标、支撑性指标及衍生性指标权重为三者等同较为适宜，以便于在制度建设层面、动力机制层面、实践操作层面都可以不断完善与提高，避免出现重点建设方向的误差。在实践过程中，全媒体素养培育评价体系在经历了起步阶段的适应后，可以依据区域具体情况适时做出调整。全媒体受众传播素养培育评价体系支撑性指标及衍生性指标由于受众采样面复杂，情况变化相对较大等因素的制约，建议目前支撑性指标占整体权重30%，较易落实、较易直观考察、考察依据相对明显确定的衍生性指标占整体考核权重的70%。同样，该指标体系在试行一定时间后，可根据具体情况在实践中予以调整完善。

在全媒体素养培育绩效评价中，要特别注意指令与对话相结合，规范与自选相结合，制度与文化相结合，统一与分类相结合，软件与硬件相结合，数量与质量相结合。作为一个评价体系，必须要有刚性的原则与要求，指令是确保评价体系得以有效实施、切实发挥作用的基础保障，在绩效评价体系实施过程，必须要牢固树立指令的政策权威，确保政令畅通，凡事皆有依据。同时文化有其自身的鲜明特色，是一个丰富的话语体系，沉淀了深厚的情感与审美价值追求，具有感化人、熏陶人、引导人、激励人、培育人、塑造人等多种功能。所以在绩效评价过程中，要高度重视不同主体、不同对象之间的话语交流，注重沟通、对话与交流，在彼此的情感沟通与信息交互中更好地增进了解，凸显共识，更好地全面提升评价体系的执行绩效，让情感赋予制度更大的张力。

绩效评价体系是一个规范科学的系统，在执行过程中要严格按照规范要求执行，不随意对指标体系进行变通解释，以确保指标体系的信度、效度与灵敏度。同时在执行过程中，在尊重规律与现状的基础上，可以采用一些校本与具有区域特色的评价方法，更好地兼顾特色个案样本的特殊性，更全面地反映评价对象的实际情况。

文化是制度生根发芽的重要依托，对于彰显制度成效发挥着积极作用。在绩效评价过程中，要高度重视发挥文化对制度执行的潜在作用，引导全媒体从业者及全媒体传播受众深刻认识到素养培育的重要性与必要性，认识到绩效评价在全媒体素养培育体系建设中的重要意义，增加文化自觉与文化自信，模范执行好制度，以实际行动促进全媒体素养培育体系建设。

统一与分类是一对辩证关系，统一是指在全媒体素养培育绩效评价中，必须遵循统一的规则、统一的标准、统一的要求，确保制度效力。同时要依据不同地区、不同群体、不同层次对象的要求，开展分类评价工作，以更好地反映事物发展的全貌，更好地做到因地制宜，全面提升全媒体素养培育的成效。

在对评价对象进行绩效评价中，既要关注对象的硬件建设水平，同时也要高度重视制度、规范、文化等软件层面的建设，并将硬件建设与软件建设统筹考虑，用硬件建设水平的全面提升进一步促进软件建设，用软件建设成果更好地发挥硬件建设的效能，推动形成两者之间的整合效应，实现一加一大于二的效果。

在对评价对象进行考核时，既要关注对象在全媒体素养培育体系建设中的直观成果数量，比如教材建设数量、师资安排状况、理论及实践课时数、平台配置状况等，还要充分关注到建设质量问题，比如培育活动开展的内在成效，活动影响力及感染力，活动内容与形式的创新状况，现有条件下的资源使用状况，培育组织与实施的特色化水平，与现有培育资源、培育活动的结合度等，全面客观反映评价对象的建设水平。

对于全媒体素养培育过程中的一些重大创新性举措，可以采用案例分析的方式，单独提出来，对此进行详细剖析和论证，分析其独特的发展模式及其建设过程中的重要经验，作为典型个案在绩效评价中给予创新性加权分，更有利于总结经验、提炼特色与凸显优势。还可以通过科学系统化手段对全媒体素养绩效进行评估，既注重客观数据的呈现，以实证方式对全媒体素养培育的基本面进行量化考核，同时也注重采用定性分析、过程剖析、动态追踪等感性方式予以综合考量分析，尤其是在尊重发展大背景的前提下，结合具体案例综合性地考察其发展现状等，做出全面客观地评价。在实际操作过程，根据不同的发展状况，本着客观真实、最贴近实际、最灵动反应的要求，综合采用多种方式与手段，做好全媒体素养培育的绩效评估工作。在新时期尤其要注重采用新媒体技术、新的网络技术平台等做好全媒体素养培育绩效评价工作，比如一些数据的实时录入，一些活动及培育素材的自动收集与立体化呈现，点对点、点对面交互传播技术的引入及使用，大数据、云存储等现代技术手段的使用等。要充分发挥社会志愿者团队与专门科研机构等的作用，倡导通过采用项目化的方式，开展专门的实践追踪与研究等。在条件成熟的情况下鼓励由第三方专业团队参与全媒体素养的绩效评估等。

第四节 保障措施

建立良好的保障支持体系,是建设好全媒体素养培育绩效评价体系的重要基础。整个全媒体素养涵化培育保障支持体系,大致可以分为政策支撑保障、人力资源保障措施、经费投入保障举措、场地等硬件安排保障举措等方面。

一、政府保障

卢梭由社会契约论推演出人民主权论,使之成为政府公共性的理论前提,也使政府公共性建立在科学的基础之上。① 政府公共性是政府作为公共产品提供、矫正市场失灵的重要体现,离开了政府的公共性,社会经济、政治、文化发展将在市场主导下增加不确定性。因此,现代各国都将加强政府的公共性建设作为政府改革的出发点,提高政府为公民服务的能力,在实践中不断培育、塑造政府公共性倾向。但政府不仅是公共利益的代表,事实表明政府也具有自身利益,存在自利性的利益驱动。② 政府自利性表现于地方各级政府的自利;政府职能部门的自利;政府组织成员的自利;行政性公共组织的自利等几个方面。③ 政府自利性在不同时期对利益追求的类型、范围、程度及利益追求的形式是存在差异的,因此历史地看,政府的自利性是政府的非本质属性,它体现了政府为了个体成员及其自身组织生存与发展创造条件的一些属性,也成为政府的存在与发展的重要推动力。④

---

① 王振海. 公共职位论纲:政府职位的属性与配置机制 [M]. 郑州:河南人民出版社,2002:49.
② 陈国权. 社会转型与有限政府 [M]. 北京:人民出版社,2008:31.
③ 金太军. 行政改革与行政发展 [M]. 南京:南京师范大学出版社,2003:101-110.
④ 金太军. 行政改革与行政发展 [M]. 南京:南京师范大学出版社,2003:110-114.

政府公共性与政府自利性是影响和决定政府行为的重要因素，政府作为国家承担公共权力的载体应当是公共的，但作为特定的具体实体又有着一定的自利性，它的自利性一方面是出于维护自己，另一方面是对抗社会（这里的社会在很大程度上是指市民社会，尤其是对公共权力有自我主体意识的自觉社会），政府从其诞生时刻起就在这种公共性和自利性的弹性张力中持存自身。①

政府在全面提升全媒体素养中作用的发挥，应正确处理好公共性与自利性的关系问题。一方面，社会个体全媒体素养的全面提升需要一定的外部环境，诸如经济的发展奠定了全媒体素养涵化培育坚实的物质基础，制度供给为全媒体素养涵化培育提供良好的制度平台。这些也都体现出了政府的公共性本质，也是政府作为人民授权行使公共权力为人民利益服务的公共性重要表现。因此从公共性角度来说，政府在全面提升社会个体全媒体素养中发挥作用是其重要职责。

根据公共选择学派的基本理论，在某些政治制度下，政府的行为并不总是公共利益的代表者，一些民选官员和政治家都具有经纪人的基本属性，在经纪人假设下，其行为都具有利己性和理性的基本特点，在行为中依据个人的偏好在经纪人假设下以有利于自己的方式、手段进行活动。因此，他们在全面提升社会个体全媒体素养中总是以有利于自己生存与发展的思维方式来看待、处理社会个体全媒体素养涵化培育问题。这也有可能使其在选择自利性的同时，对全媒体素养涵化培育的整体态势的发展产生消极影响，会使全媒体素养涵化培育的方向变得具有不确定性。全媒体素养涵化培育的发展方向即使是正确的，全媒体素养涵化培育的发展态势即使是良好的，但在经纪人行为假设下，一旦他们发现全媒体素养涵化培育的方式方法不利于自己或组织的生存与发展时，将会通过对全媒体素养涵化培育的外部环境的改变而不正确地影响着全媒体素养涵化培育的整体态

---

① 曹鹏飞. 公共性理论研究 [M]. 北京：党建读物出版社，2006：191.

势及运行方向。另外，政府为了个体成员或其组织的生存与发展，会将关注点集中于能带来较快收益的全媒体素养涵化培育方法方式，产生出短视效应。

在全媒体素养涵化培育中，如何正确处理和对待政府公共性与自利性问题，对于社会个体全媒体素养涵化培育的总体发展具有现实意义，要充分发挥政府公共性在全面提升社会个体全媒体素养中的主导作用，为社会个体全媒体素养的全面提升提供较好的内外环境，同时又要合理界定政府的自利性，使二者在互动满足中健康发展。

自主性是指政治体系的组织和程序获得了自己独立的生存和活动的领域，因而不会因为某一社会集团的特殊利益和特殊要求而改变其活动宗旨、活动程序。① 政府的自主性在全面提升社会个体全媒体素养中通过对外部环境改造，以影响和改变全媒体素养涵化培育的整体态势与发展方向。政府在进行全面提升社会个体全媒体素养这一社会化过程中，必然会受到其他社会化主体，如家庭、学校、社会组织以及大众传媒的影响。因此，政府自主性决定着全媒体素养涵化培育的外部环境的整体态势与发展方向，也影响和决定着整个社会全媒体素养涵化培育的效能。社会化组织的存在是人进行社会化的必然结果，也是全面提升社会个体全媒体素养的合力之一。在全面提升社会个体全媒体素养过程中，家庭、学校、社会组织，尤其是大众传媒的作用不可忽视。政府能否处理好与这些社会化力量的关系问题，关系到其在全媒体素养涵化培育中主导作用的发挥。

各级政府通过对全媒体传播环境的调控，对全媒体素养涵化培育相关制度的供给，决定着全媒体素养涵化培育的发展方向与整体运行态势。政府在全媒体素养涵化培育中发挥作用的范围、规模、程度与方式等，与政府自律性具有极强的关联。"政府自律性是后发展国家在经济发展中普遍存在的问题。因为发展中国家经济增长的后发性需要政府具备和发挥相当

---

① 赵一红. 东亚模式中的政府主导作用分析 [M]. 北京：中国社会科学出版社，2004：71-72.

广泛的职能。"① 特别是在百年未有之大变局的转型期的当代中国,由于传统政治文化的影响以及计划经济下形成的惯习,全能政府的观念仍然在政府管理中根深蒂固,这就产生了政府自律问题。在全面走向现代化的当代中国全媒体传播市场环境下,如果政府自律意识淡薄,不仅会诱发政府过度干预全媒体传播市场,而且也改变了全媒体传播发展的环境影响社会个体的全媒体素养涵化培育。因此,在全面提升社会个体全媒体素养中,必须处理好政府主导与政府自律关系问题。从主导意义上来说,政府为了提高全民的全媒体素养,必然会对全媒体素养的内外环境进行全面的干预,可能在一些情况下,政府通过资源的重新配置来达到改变全媒体传播整体发展态势与发展方向。由于计划经济下形成的全能政府观念,政府如何在全面提升社会个体全媒体素养中提高自己的自律性,即规范、约束自己的行为,以正确引导全媒体素养培育的方向是一个复杂的问题。

二、资源保障

全媒体素养涵化培育的资源保障,包括了人力资源保障、财政资源保障、场地资源保障等多个方面。

在人力资源保障方面,针对当前全媒体素养培育绩效评价的实际,在抽调专门高等院校、研究机构、媒介机构、社会团体等相关部门的优势人力资源的时候,需要建立与完善配套的政策体系。比如在绩效评价中取得突出进展、经实践检验具有较大的实践转化意义及指导价值的成果的个人与团队在职称晋升、评优评奖、成果认定乃至专利转化上给予重点支持。对取得突出成果的团队与个人给予一定的物质奖励。妥善安排好团队的工作学习生活条件,提供尽可能好的条件帮助其开展专项研究。在课题研究与实地走访期间,相关部门要提供良好的条件,协助安排好对口调研单

---

① 王德复. 新兴经济学:观念、制度与发展——韩国经济起飞实证研究 [M]. 北京:中国经济出版社,2006:116.

位,落实好调研对象,协助安排好试点单位等。要实施良好的知识产权保护政策,对取得的重要突破性研究成果,给予良好的知识产权保护,充分尊重和保护其从事科学研究的积极性。

在全媒体素养涵化培育的经费投入保障方面,以课题和项目经费的方式,确保预算安排划拨到位,为科研与实践工作提供充足保证。同时积极鼓励社会企业与团体,尤其是传媒机构、文化发展基金会等,以多种方式支持全媒体素养培育及其评价研究,拓展经费供给渠道。要建立起高效、规范、科学的经费使用办法,对经费使用实行目标管理,经费使用与科研成果直接挂钩。如果研究成果达不到预期要求,则采取追回一定比例经费等惩戒措施。通过政策举措的建立与健全,进一步提高经费使用成效,使有限经费真正发挥出使用效益。

在全媒体素养涵化培育的场地等硬件安排方面,各相关单位要优先确保全媒体素养培育及其绩效评价的研究及实践需要。努力盘活现有资源,创造条件服务好研究与实践工作。全媒体素养培育及其绩效评价较多地依赖现代电子设备等,也涉及舆情调研等大型群体性活动。全媒体素养涵化培育经费投入大,组织过程复杂、综合保障维护成本高,各相关职能部门要加大经费投入支持力度,同时创新性地使用设备资源,通过租赁、项目协作、其他资源互补共享等方式进一步加大设备支持力度。要结合全媒体素养培育及其绩效评价的特征要求,建立集中办公与流动办公相结合的方式,配备好移动办公所需要的各项条件,为研究活动的开展提供有效保障。

三、组织保障

全媒体素养培育作为一项全新的工作,建立严密的组织实施机制是做好这项工作的重要前提。根据当前意识形态领域日趋严峻的斗争现状及新媒体技术飞速发展的状况,各级党委政府在加强意识形态建设,加强社会主义核心价值体系建设中必须要高度关注国民全媒体素养培育,把它作为社会主义核心价值体系教育、国情教育等的基本内容之一,作为新时期维护国家文化安全、掌握舆论主导权的主流阵地之一。党委政府在制定社会主义核心价值体系宣传教育纲要、编制中国梦宣传教育文件时,都要充分关注新媒体技术发展对当前人民群众文化环境、资讯接受渠道等带来的全新变革,将全面提升全媒体素养、全面提升新媒体背景下建设性使用媒介的能力作为其中的重要内容之一。还要通过在各级各类政策文件的"话语内容"体现,确立全媒体素养培育在意识形态教育中的重要地位。

要尝试把全媒体素养培育纳入大中小学生的日常课业教育内容,按照大中小学的身心结构特色与认知规律,编制专门的教材,设计相应的教学方式,作为新时期大中小学生素质养成与思想教育的基本内容。比如在小学教育中,可以以活动课、体验课的方式告诉小学生如何接触网络,如何接近网络中的好信息,网络究竟是一个怎样的花花绿绿、纷繁复杂的大世界,引导孩子们树立对全媒体媒介、对网络的基本的客观认知。在中学全媒体素养培育中,就可以着手通过信息技术课程等规范化课程教育,引导学生全面客观真实地认知网络等全媒体,具备正确使用全媒体的基本技能,初步形成正确的媒介价值观。在大学生全媒体素养培育体系建设中,不仅要培养大学生建设性使用全媒体媒介、传播社会主义核心价值体系的能力,还要培养其将正确的意识形态内容、良好的网络道德观念等传播给其他社会受众的能力,发挥其青年网络生力军的作用,全面提升对网络舆情的把握、理解、掌控与引导能力。把全媒体素养培育纳入规范化的大中小学教育体系,有助于形成科学、可传承、覆盖各年龄段、系统化的培育体系,把全媒体素养作为各层次学生素质构成与人才培养的基本规格之一,作为各级培育内容中的"规定动作",确保其在大中小学教育体系中的"话语地位",为全媒体素养培育的引入及绩效评价提供重要前提。

要改变一直以来在党委政府职能部门与教育部门中存在的"先建设、再规范、再评价""先试点、再梳理、再总结"的模式,根据全媒体素养自身附着于文化体系,具备强硬渗透与内在滋润等文化发展演变特征的状况,以及当前意识形态领域尤其是网络领域斗争白热化的状况,必须要将全媒体素养培育绩效评价纳入议事日程,与实施目标、发展定位、实施原则策略等同步规划、同步实施,并通过制度体系建设,充分发挥好绩效评价体系诊断、规制、导向、激励等功能,促进资源的优化配置与模式优化等。全媒体素养培育作为一项全新的工作与全新的议题,有必要通过党委政府的强力手段、自上而下组织实施,通过决策意志及政令体系迅速将其纳入日常工作范畴,并建立相应的考核机制,将全媒体素养培育纳入相关政策意见,开设相关培育课程,将全媒体素养培育绩效评价纳入常规工作考核,与干部职工的工作业绩评价、经济待遇兑现、职务提拔等紧密结合起来,实现"政策有规、执行有力、奖惩有据、落实有为"。

全媒体素养涵化培育的组织保障,还需要建立全媒体素养培育绩效评价的专门组织机构。全媒体素养培育及其绩效评价是一项全新的工作,同时涉及党委政府职能部门、高等院校、各媒体机构、社会中介团体等。作为顶层设计的全媒体素养培育绩效评价,涉及全媒体素养培育的目标定位、实施策略及运行体制等,不能单独依托其中某一主体开展相关研究与实践。当前应该建立由党委政府牵头的全媒体素养培育及其绩效评价高级智库。智库由从事全媒体、新媒体传播、媒介素养培育、传媒改革与发展、思想政治理论素养培育研究与实践的相关专家组成,可以覆盖高等院校、研究机构、社会团体以及一线的传媒机构从业者等。智库密切追踪当前国际传媒竞争发展态势,意识形态领域斗争的最新状况,我国媒介素养及全媒体素养培育开展现状等,提出开展全媒体素养培育及其绩效评价主要思路、发展方向、实施策略等核心命题的对策,勾画全媒体素养培育及其绩效评价的发展路线图。

智库可以作为党委政府的重要决策参谋机构存在,形成集合该领域社会精英的团体模式,可以构建一个相对集约化的组织形态。智库可以定期召开联席会议,围绕媒介及意识形态领域最新竞争态势、全媒体素养培育体系建设等展开专题研究,分析形势及存在的主要问题,提出相应的对策。可以召集筹办该领域的高峰论坛，汇聚国内外该领域的专业力量，围绕全媒体素养培育的相关选题开展研讨，拓宽为政府决策服务的参与面，进一步扩大理论视野。对于全媒体素养培育及其评价体系建构的具体编制研究任务，可以采取国家重大专项课题招标立项的办法，以项目制的方式，鼓励相关高等院校、研究机构、传媒机构等优化组合，开展协同创新活动，组建跨部门、跨行业、跨区域的研究主体，竞标参与该研究项目的角逐等。也可以采取国家委托课题的方式，经过科学合理程序，确定由业内知名学者专家或者专业单位牵头实施该研究项目，由牵头单位或牵头人负责遴选组建专业研究团队，负责该项目研究。

党委政府原则上不干涉上述团队的具体组成，但可借助党委政府力量，为科研团队优秀人才的加盟选调等提供支持。政府负责对全媒体素养培育及其绩效评价体系的研究成果进行综合评估，并根据最新的发展态势及状况，提出意见及建议，并协同研究团队，确定实践转化、开展试点的方法与模式。同时，政府还可以尝试设立一些小级别课题，鼓励各相关研究团队围绕某一区域、某一特殊受众结构团队、全媒体发展中的某一特色化现象、微博微信平台上的某一重要事件开展专门定向研究，为总体规划研究提供有效服务。

后 记

《全媒体素养》一书在经历了《新媒体素养》《电信传播素养》书稿基础上，苦练了四度春秋终于成型。撰写期间，得到了北京邮电大学、中国传媒大学、中国人民大学、浙江传媒学院、西北政法大学、湖南工业大学、四川大学、四川外国语大学和贵州师范学院等师生好友的关心支持，他们的精神援助、金玉良言是我书稿撰写进程中的无穷动力。段鹏、王宇、庞亮、袁军、李炜炜、卫珏、董秀成、陈维龙、张邦卫、孙江、欧阳宏生、林克勤、娄立原、郑湘明、刘文良、彭利元、陈建设、赵婉兵、许晓燕等，或参与撰写了部分章节初稿，或及时提出了宝贵意见，在此一并致谢。

感恩于北京邮电大学给予我宽松环境，让我结识了全媒体技术精英，不仅在不到一年"破格教授"，提供了宽敞舒适的办公室，提供了各种优惠便利条件，而且不限制我天马行空在各地做兼职教授，使我能够海纳百川各方面科研成果，北京邮电大学明光楼成为我今生今世最为眷恋最为聚集科研成果的风水宝地。浙江传媒学院给了我舒展学术抱负的广阔平台，给我创造条件成为学校第一个浙江省政府钱江学者特聘教授，受聘担纲《浙江传媒学院学报》执行主编，成为体制外高校学报主编的非常例外。湖南工业大学不拘一格降人才，没有嫌弃我身兼数职，没有理会社会上各种闲言碎语，一如既往支持我、鼓励我在学术道路上破浪前行，给了最踏实最有底气的沉浸感、归属感。缥缈百年路，壮士十年归，我回来了。

在《全媒体素养》撰写过程中，深刻体会到技术创新与媒介变革的高度叠合，每一次技术进步，都会伴随着一系列媒介形式、媒介终端、媒介内容、媒介产业及媒介素养的"多米诺效应"。每当看到青年学者求知求学群发邮件，遭到求职单位求学单位的婉拒；每当看到中老年人不了解智能手机的全面应用，在现实生活中无所适从；每当看到各级政府官员面临舆论危机不知所措，每当看到信息交流过程中的代际差异"信息知沟"，每当看到普通百姓时不时遭到电信欺诈、网络欺诈，都会不由自主联想到全媒体时代全媒体素养的现实价值。

《全媒体素养》跨越了传统媒体时代的媒介素养，融合了电信传播素养，汇入了全媒体传播所亟需的各种各类与生活工作学习管理密切关联的基本素质要求，提出了"全媒体素养"的崭新命题。鉴于全媒体传播全面铺展刚刚开启，全体国民还没有意识到"全员传播"的实质内涵，对"全程传播"的每一枝节每一链环理解远远不够深刻细致，距离"全息传播""全效传播"还有漫漫征程。各级政府机构应该勇于担当，把全民族全媒体素养教育培养与全民族科学素养教育培养有机结合起来，作为考评有关管理成员绩效的重要指标。中国高等院校科研院所特别是新闻传播类院校、影视艺术类院校、图书情报类院校、信息通信类院校应该责无旁贷肩负起全媒体素养教育培养的急先锋，率先垂范做好表率，配合当地政府深入基层做好相关工作，也为中小学全媒体素养教育做一些力所能及的贡献。

《全媒体素养》是一次惶惶之中的学术探索，写作过程中还有不少问题论述不到位，有些观点还有待方家批评指正。不周之处还请多多包涵谅解。

曾静平

2021年4月28日湖南工业大学